TREINE
SUA MENTE

Dados Internacionais de Catalogação na Publicação (CIP)
(Câmara Brasileira do Livro, SP, Brasil)

Treine sua mente : exercite suas habilidades mentais / (orgs.) Juan Carlos Medina...[et al.] ; tradução de Beatriz Silveira Castro Filgueiras. – Petrópolis, RJ : Vozes, 2023. – (Coleção Exercite a Sua Mente)

Vários autores.

Outros organizadores: Adrià Allué, Rosa García Melero, Eva Ribas

Título original: Entrena tu mente

ISBN 978-65-5713-601-0

1. Disciplina mental I. Medina, Juan Carlos. II. Allué, Adrià. III. García Melero, Rosa. IV. Ribas, Eva.

22-123739   CDD-158.1

Índices para catálogo sistemático:

1. Disciplina mental : Psicologia aplicada 158.1

Cibele Maria Dias – Bibliotecária – CRB-8/9427

TREINE SUA MENTE

Exercite suas habilidades mentais

Tradução de Beatriz Silveira Castro Filgueiras

EDITORA VOZES

Petrópolis

© Susaeta Ediciones, S.A.
Tikal Ediciones
C/Campezo, 13 – 28022 Madrid

Tradução realizada a partir do original em espanhol intitulado *Entrena tu mente –
Entrena tus capacidades mentales.*

Direitos de publicação em língua portuguesa – Brasil:
2023, Editora Vozes Ltda.
Rua Frei Luís, 100
25689-900 Petrópolis, RJ
www.vozes.com.br
Brasil

Editoração: Maria da Conceição B. de Sousa
Diagramação: Sheilandre Desenv. Gráfico
Revisão gráfica: Alessandra Karl
Capa: Renan Rivero

ISBN 978-65-5713-601-0 (Brasil)
ISBN 978-84-9928-420-0 (Espanha)

Este livro foi composto e impresso pela Editora Vozes Ltda.

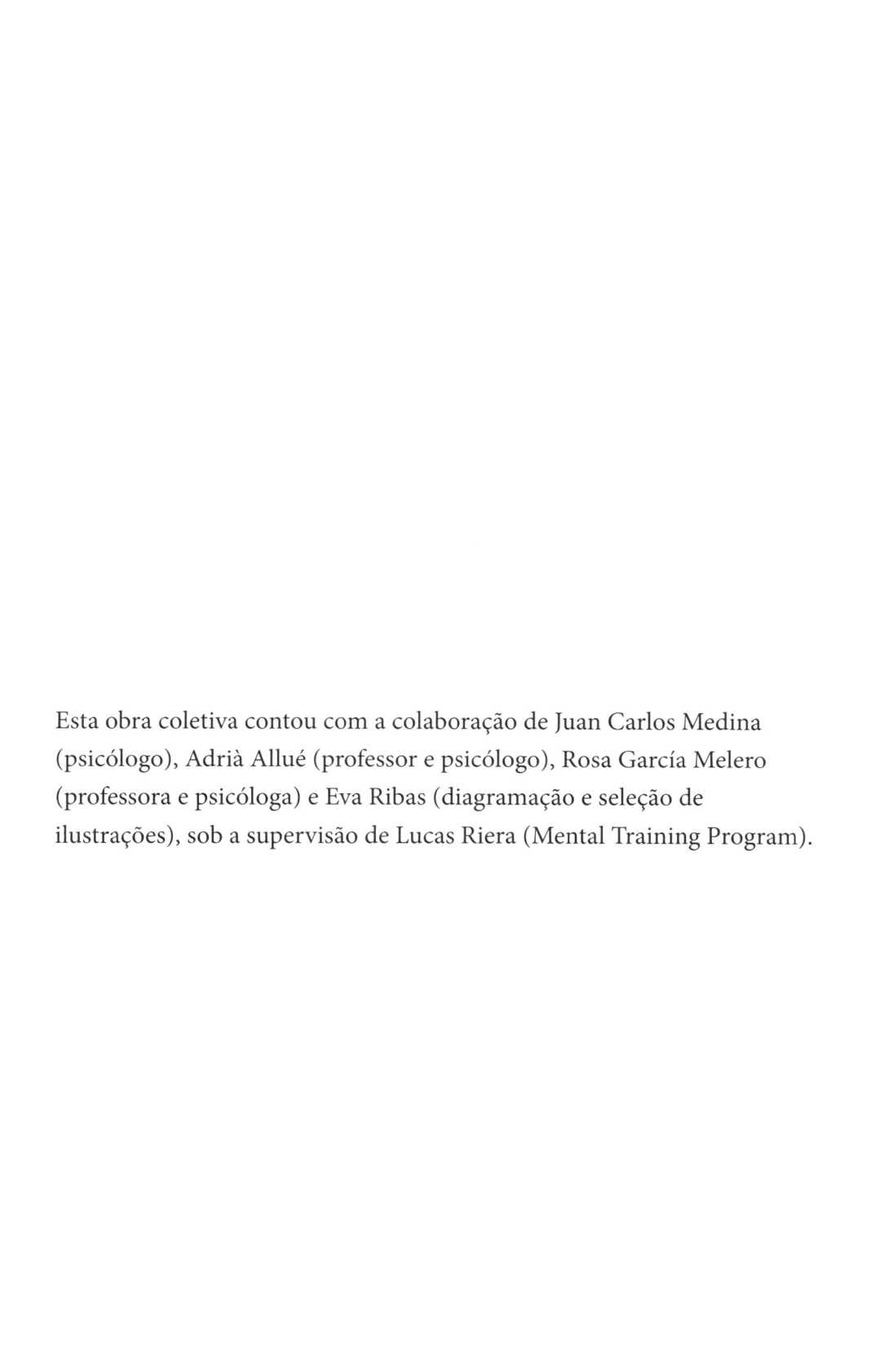

Esta obra coletiva contou com a colaboração de Juan Carlos Medina (psicólogo), Adrià Allué (professor e psicólogo), Rosa García Melero (professora e psicóloga) e Eva Ribas (diagramação e seleção de ilustrações), sob a supervisão de Lucas Riera (Mental Training Program).

SUMÁRIO

INTRODUÇÃO

Este é um livro para todas aquelas pessoas que desejam manter sua mente afiada e em boa forma, e não apenas lutar contra a perda de suas habilidades. Muito pelo contrário: querem estimulá-las e aumentá-las.

As habilidades cognitivas do ser humano são como as habilidades físicas: se não forem exercitadas, podem enfraquecer e, com o passar dos anos, podem inclusive causar outros problemas. Este livro, como parte do Programa Mente em Forma, busca desenvolver, através de exercícios, algumas habilidades como a memória, a atenção, a psicomotricidade, os conceitos de espaço e tempo etc.

Geralmente, quando chegamos a uma certa idade, descobrimos que é mais difícil lembrar de acontecimentos passados, memorizar algumas informações, ou talvez até raciocinar de forma rápida. Muitas vezes, colocamos a culpa no passar dos anos (é a idade, dizemos a nós mesmos) e nos resignamos com a perda gradual de algumas das habilidades que nos definiam e, ao mesmo tempo, que nos permitiam aproveitar a vida em toda a sua intensidade.

Embora seja verdade que os anos enfraquecem nossas habilidades mentais, também é verdade que aqueles que exercitam sua mente, que treinam suas habilidades e não desistem com o tempo, mantêm uma cabeça afiada.

Assim como uma pessoa que chega à maturidade após muitos anos de exercício físico constante é muito diferente de outra que nunca praticou esportes, também é verdade que existem diferenças enormes entre quem não parou de exercitar suas habilidades mentais e aqueles que adotaram uma atitude passiva e resignada.

Forçar um pouco as nossas habilidades, colocar-nos à prova, tentar superar nossos limites todos os dias só nos faz bem e nos garante que os próximos anos serão mais plenos.

Todos nós, em algum momento, pensamos: "Aquela pessoa tem uma mente brilhante... e já tem bastante idade". Prêmios Nobel e cientistas, grandes pensadores, artistas, líderes corporativos, escritores, empresários... têm uma idade avançada e, no entanto, têm uma clareza mental que lhes permite permanecer em seus cargos, contribuindo de forma brilhante com aquilo que se espera deles. Claro, algumas dessas pessoas têm um nível mental muito acima da média; mas, em muitos casos, elas não são superdotadas: simplesmente, treinaram suas mentes para perceber, memorizar, raciocinar e tomar decisões.

Da mesma forma, este livro não pretende dotar as pessoas de poderes mentais superlativos, mas oferecer uma forma de manter e, em alguns casos, de melhorar as habilidades cognitivas.

Este livro não é destinado a pessoas que sofrem de deficiências ou doenças associadas a disfunções mentais ou neurodegenerativas. É possível que alguns dos exercícios contidos aqui possam ser utilizados por profissionais de psicologia, psiquiatria ou neurociência como um método complementar de algum tratamento personalizado, mas esta obra não tem, de forma alguma, essa pretensão.

Assim como o leitor pode seguir um programa genérico de treinamento físico para fortalecer seus músculos, manter suas articulações saudáveis ou aguçar seus sentidos – embora esse programa não vá curá-lo ou trazer alívio, caso ele sofra de alguma doença –, este livro servirá para manter sua mente saudável e em boa forma; mas, em hipótese alguma, ele substitui a contribuição de um profissional, caso você sofra ou ache que sofra de um distúrbio específico.

Este programa é inspirado no Mental Training Program e baseia o seu desenvolvimento no princípio de que o uso e o exercício constante de todas as nossas habilidades mentais melhora a qualidade de vida de pessoas de todas as idades.

Elaborados por profissionais da psicologia e da aprendizagem, os livros que compõem o programa se dividem em seis grandes seções: memória, atenção, cálculo mental, raciocínio lógico, linguagem, e psicomotricidade e percepção espacial. Cada seção contém 25 exercícios.

De forma sistemática, cada um dos capítulos se desdobra para exercitar conceitos relacionados e aspectos parciais e complementares ao foco principal da seção. Por exemplo, você verá que o capítulo dedicado à memória contém testes de memória de curto prazo, memória biográfica, memória semântica etc. Ou que, no de raciocínio lógico, há exercícios práticos sobre a habilidade de abstração e associação.

Buscamos garantir que os exercícios propostos em todos os livros incluam diferentes níveis de dificuldade, para que você possa exercitar gradualmente cada uma de suas habilidades.

COMO USAR ESTE LIVRO

Em primeiro lugar, recomendamos que você seja um pouco metódico ao fazer os exercícios. Não adianta fazer 20 exercícios no mesmo dia e depois abandonar o livro por semanas. É muito mais eficaz que você defina uma quantidade aproximada de exercícios diários e tenha uma dedicação constante.

Tente, se possível, dedicar sempre a mesma hora do dia para trabalhar com o livro. Decida quando você se sente melhor e marque na sua rotina diária o melhor momento para se exercitar.

É importante que você aborde os exercícios de forma positiva, com espírito esportivo. Se algum exercício estiver mais difícil, não desista; tente novamente até conseguir... ou deixe para amanhã, mas não desista. É muito importante não desanimar caso você não consiga completar qualquer um dos exercícios.

Você pode fazer os exercícios deste volume na sequência em que são apresentados, com seis blocos de habilidades mentais, ou fazer um ou mais exercícios de cada um dos capítulos por dia.

Use caneta ou lápis. Não hesite em riscar, rabiscar, escrever, rasurar... este livro foi feito não só para ser lido, mas principalmente para ser usado.

Alguns exercícios incluem um relógio no enunciado; isso significa que você deve fazê--los em um tempo determinado que será indicado para você de forma clara. A instrução também pode indicar que é você quem deve anotar o tempo que gastou. Se você não conseguir acertar o exercício no tempo indicado, tente novamente até conseguir. É surpreendente ver como a mente se ativa quando precisamos fazer algo em pouco tempo.

De vez em quando, de forma aleatória, você encontrará algumas pequenas seções em destaque que chamamos de "Desafios". Eles não são exatamente exercícios como os outros porque não podem ser feitos no livro, nem nos momentos em que você decidiu se dedicar a este livro. Os desafios são pequenos testes que você pode fazer ao longo do dia e que o ajudarão a se desafiar.

No final do livro você encontrará as respostas para os exercícios. Recomendamos que você verifique a resposta somente quando tiver concluído o exercício. Não busque a resposta para entender melhor o enunciado ou para saber se você está indo bem enquanto ainda faz o exercício.

EXERCÍCIOS DE
MEMÓRIA

MEMÓRIA

1. Responda as perguntas abaixo com o máximo de detalhes possível.

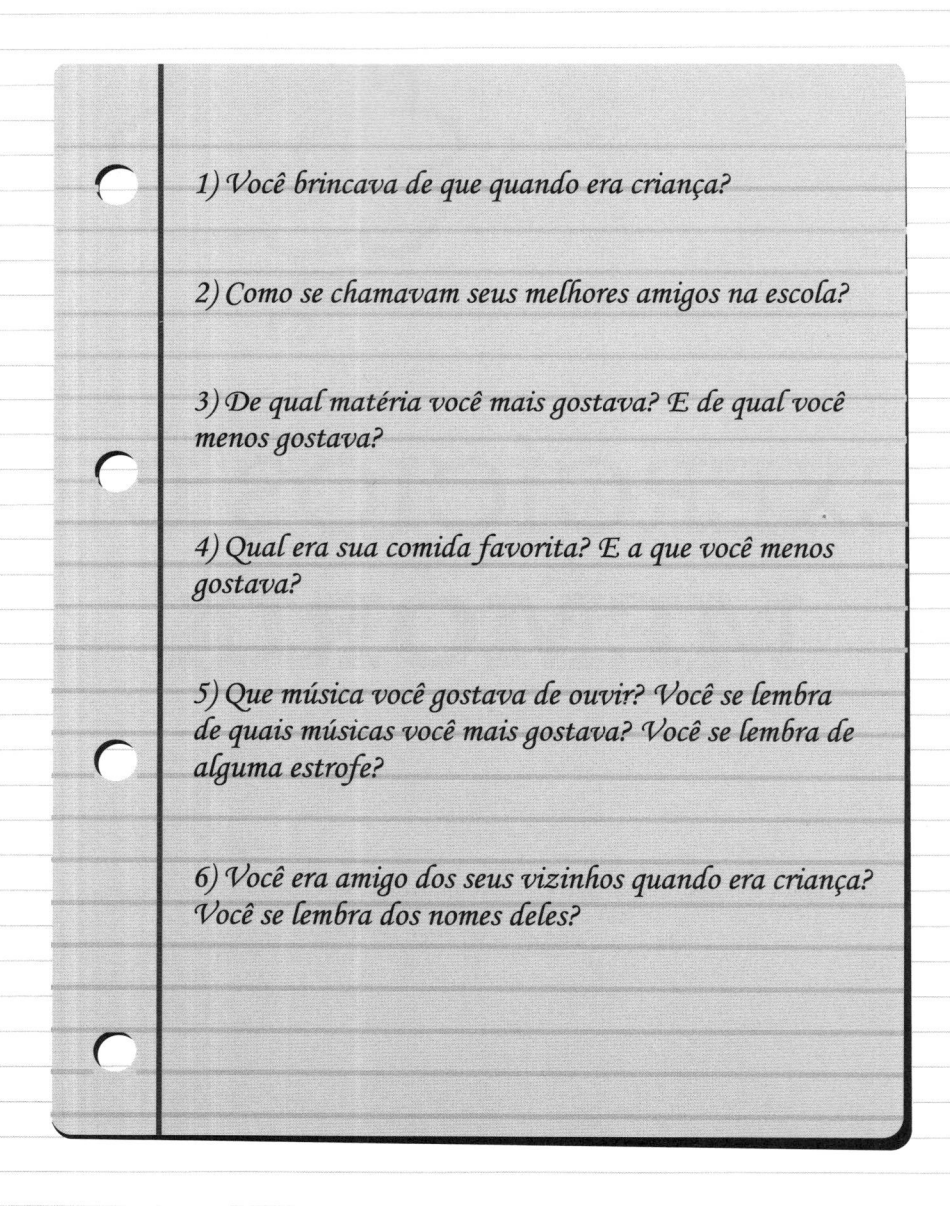

1) Você brincava de que quando era criança?

2) Como se chamavam seus melhores amigos na escola?

3) De qual matéria você mais gostava? E de qual você menos gostava?

4) Qual era sua comida favorita? E a que você menos gostava?

5) Que música você gostava de ouvir? Você se lembra de quais músicas você mais gostava? Você se lembra de alguma estrofe?

6) Você era amigo dos seus vizinhos quando era criança? Você se lembra dos nomes deles?

2. Complete a lista a seguir com o nome de capitais brasileiras em cada uma das regiões do país.

NORDESTE

$\mathcal{F}$ ....

$\mathcal{T}$ ....

$\mathcal{R}$ ....

SUL

$\mathcal{F}$ ....

$\mathcal{C}$ ....

Nome da região? ....

$\mathcal{G}$ ....

Campo Grande

$\mathcal{C}$ ....

Nome da região? ....

$\mathcal{P}$ ....

$\mathcal{P}$ .... $\mathcal{V}$ ....

$\mathcal{B}$ ....

$\mathcal{M}$..

Manaus

17

MEMÓRIA

3. Escreva 10 coisas que não podem faltar em um kit de primeiros socorros:

Escreva 10 coisas que normalmente levamos para a praia:

4. Memorize essas sequências de três números, separadamente, e repita em voz alta. Em seguida, repita mais uma vez, mas agora na ordem inversa.

3-7-23

44-5-13

9-18-35

15-6-7

56-8-101

80-57-74

3-15-14

21-63-55

82-35-4

2-32-105

5. Complete os seguintes provérbios.

Para bom _____ , meia palavra _____ .

Em boca _____ não entra mosquito.

Quem_____ , tudo perde.

Diga-me_____ e eu te direi quem és.

Antes _____ do que nunca.

O peixe morre pela _____ .

Não há_____que sempre dure.

O que entra por um_____sai pelo_____ .

Quem_____ consente.

_____ é fácil, difícil é _____ .

6. Observe atentamente os seguintes grupos de palavras. Tente descobrir o que cada grupo pode ter em comum.

> **DICA** – O que o grupo A tem em comum é exatamente o oposto do grupo B.

GRUPO 1

VACA, CARRO, BUZINA, ASPIRADOR, CAVALO, PIANO,

PÁSSARO, AVIÃO, APARELHO DE SOM, BALEIA, TRATOR,

RIO, DESFILE, TELEVISÃO, CACHORRO, MÁQUINA DE LAVAR,

MAR, PALESTRANTE, TAMBOR, CANTOR, ARMA

GRUPO 2

TOMATE, CAMISA, FLOR, PANFLETO, NOVELO, QUADRO,

CABELO, MANTEIGA, ESPELHO, ALFINETE, VERRUGA,

GRAVATA, ESTÁTUA, TRAVESSEIRO, ÓCULOS, CORTINA,

BORRACHA, LUA, BANCO, ORELHA, MEIA, UNHA

7. Abaixo você verá uma sequência de quatro imagens. Cada uma delas está associada a uma palavra diferente. Observe atentamente cada par e memorize-o. Em seguida, complete o exercício da próxima página.

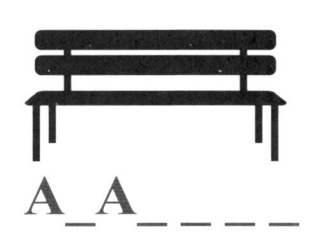

A_A_ _ _ _

?

C_NFE_ _ _CIA

D_R

S_ _A

8. Escreva uma lista de 15 esportes diferentes.

9. Concentre-se na pergunta e responda com o máximo de detalhes/concretude possível.

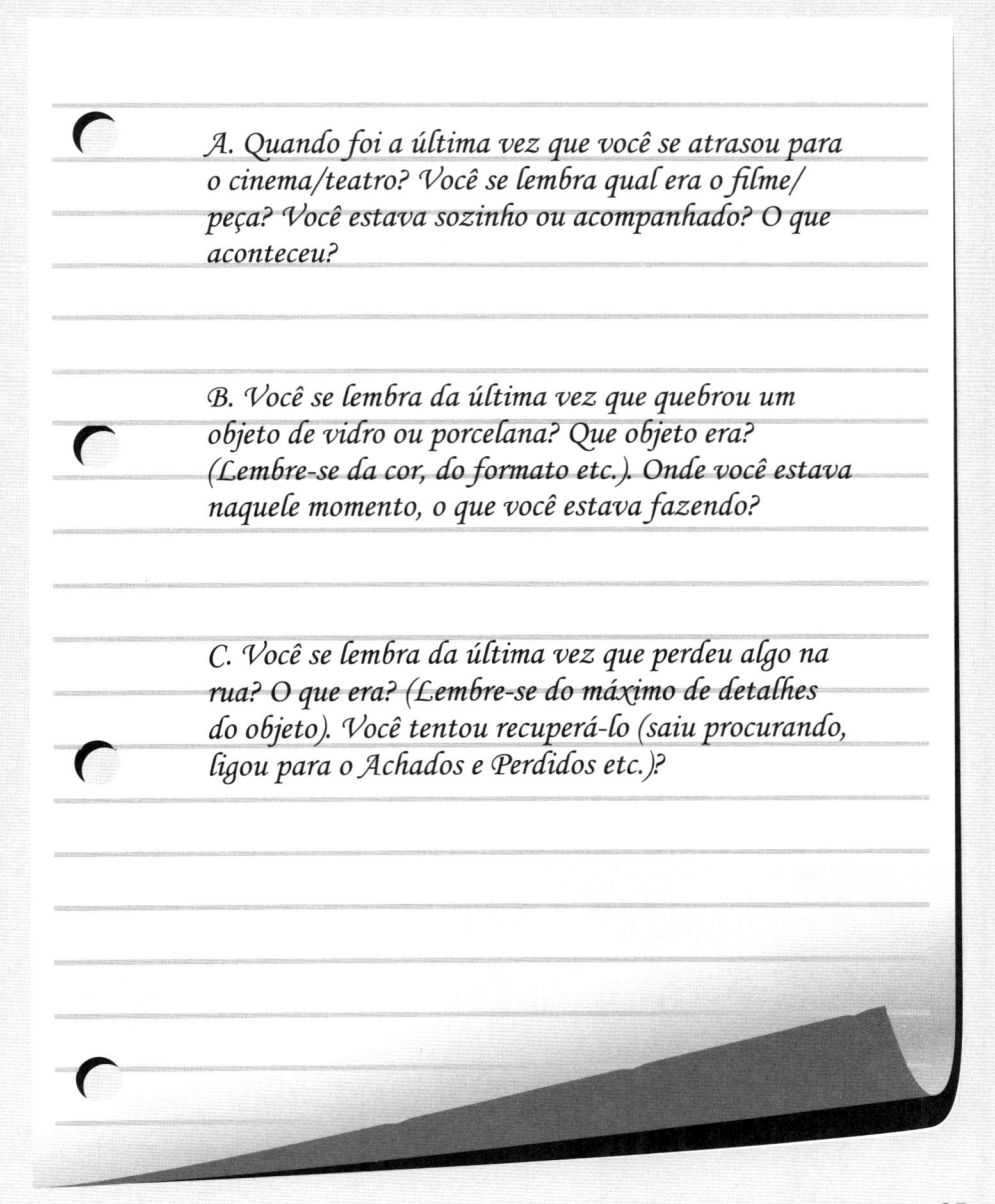

A. Quando foi a última vez que você se atrasou para o cinema/teatro? Você se lembra qual era o filme/ peça? Você estava sozinho ou acompanhado? O que aconteceu?

B. Você se lembra da última vez que quebrou um objeto de vidro ou porcelana? Que objeto era? (Lembre-se da cor, do formato etc.). Onde você estava naquele momento, o que você estava fazendo?

C. Você se lembra da última vez que perdeu algo na rua? O que era? (Lembre-se do máximo de detalhes do objeto). Você tentou recuperá-lo (saiu procurando, ligou para o Achados e Perdidos etc.)?

10. Memorize os seguintes pares de palavras criando associações de imagens.

Por exemplo

NÚMERO-CORCOVA

Imaginamos um número pintado em uma corcova de camelo.

METRÔ-MARINHEIRO

Imaginamos um vagão do metrô cheio de marinheiros.

CINDERELA-CARRO

Imaginamos uma Cinderela moderna em um carro, ao invés de uma carruagem.

Quanto mais absurda a imagem que formamos, mais fácil ela será de ser lembrada.

Use esta técnica com os seguintes pares de palavras:

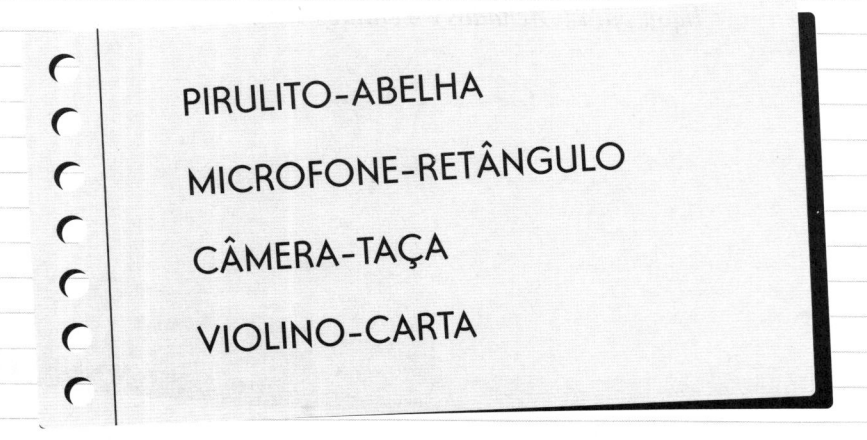

PIRULITO-ABELHA

MICROFONE-RETÂNGULO

CÂMERA-TAÇA

VIOLINO-CARTA

Em seguida, ligue os pares de imagens com setas.

11. Estevão e Paula terão uma semana difícil. Memorize suas listas de tarefas e responda às perguntas da próxima página.

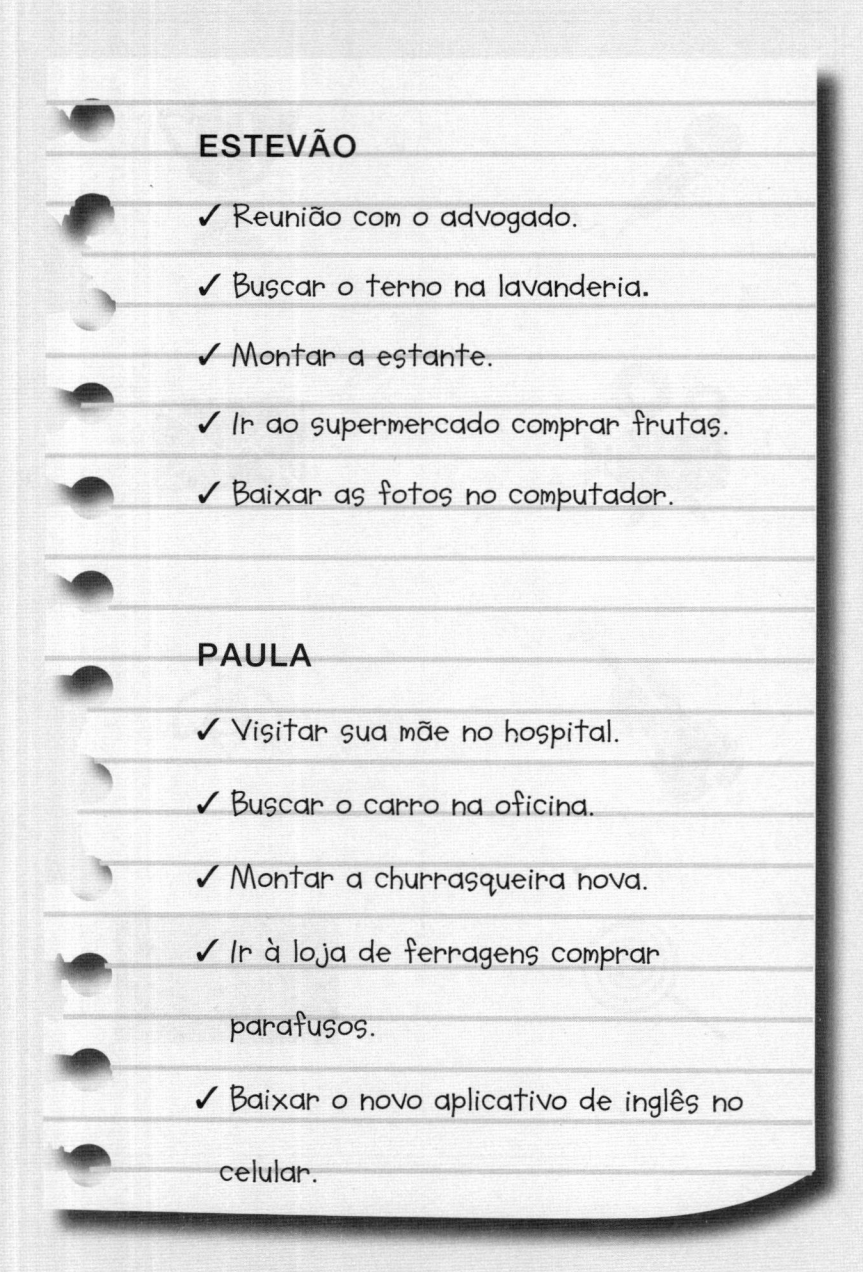

ESTEVÃO

✓ Reunião com o advogado.

✓ Buscar o terno na lavanderia.

✓ Montar a estante.

✓ Ir ao supermercado comprar frutas.

✓ Baixar as fotos no computador.

PAULA

✓ Visitar sua mãe no hospital.

✓ Buscar o carro na oficina.

✓ Montar a churrasqueira nova.

✓ Ir à loja de ferragens comprar parafusos.

✓ Baixar o novo aplicativo de inglês no celular.

ESTEVÃO

✓ Reunião com o _____.

✓ Buscar o _____ na _____.

✓ Montar a _____.

✓ Ir ao supermercado comprar _____.

✓ Baixar as _____ no computador.

PAULA

✓ Visitar sua mãe no _____.

✓ _____ na oficina..

✓ _____ churrasqueira nova.

✓ Ir à loja de ferragens comprar _____

✓ Baixar o novo aplicativo de _____ no

celular.

12. Escreva a palavra que corresponde a cada definição.

Objeto mineral duro que geralmente
é encontrado na estrada:

Conjunto de símbolos que
formam uma palavra:

Período de 24 horas que
começa às 00:00 horas:

Substância dada ao paciente
para curar uma doença:

Objeto esférico de vidro dentro do
qual há um filamento que emite luz
quando se acende:

Objeto composto por duas lentes
que é colocado na frente dos
olhos para corrigir a visão ou para
outros fins, como proteger do sol:

Sobremesa doce, feita com creme,
açúcar, ovos e frutas, servida depois de
congelada. Geralmente muito consumido
por crianças no verão:

Peça de roupa que está sempre
molhada depois que se usa:

13. Memorize os trios de palavras por dois minutos. Observe que eles fazem parte de um mesmo tema/situação.

CAIXA DE FERRAMENTAS, MARTELO, PREGO

PROFESSORA, QUADRO, GIZ

CAVALETE, TELA, PINCEL

PIANO, PARTITURA, TECLA

SAPATO, PÉ, CADARÇO

Agora, sem olhar, escreva os trios de palavras respeitando a ordem dos elementos em cada série. Você conseguiu respeitar a ordem?

Existe um truque muito fácil para lembrar a ordem exata; se você observar bem, além de serem agrupados por temas, os objetos estão ordenados do maior para o menor

14. Observe esta imagem e tente memorizá-la. Em seguida, responda à pergunta da próxima página.

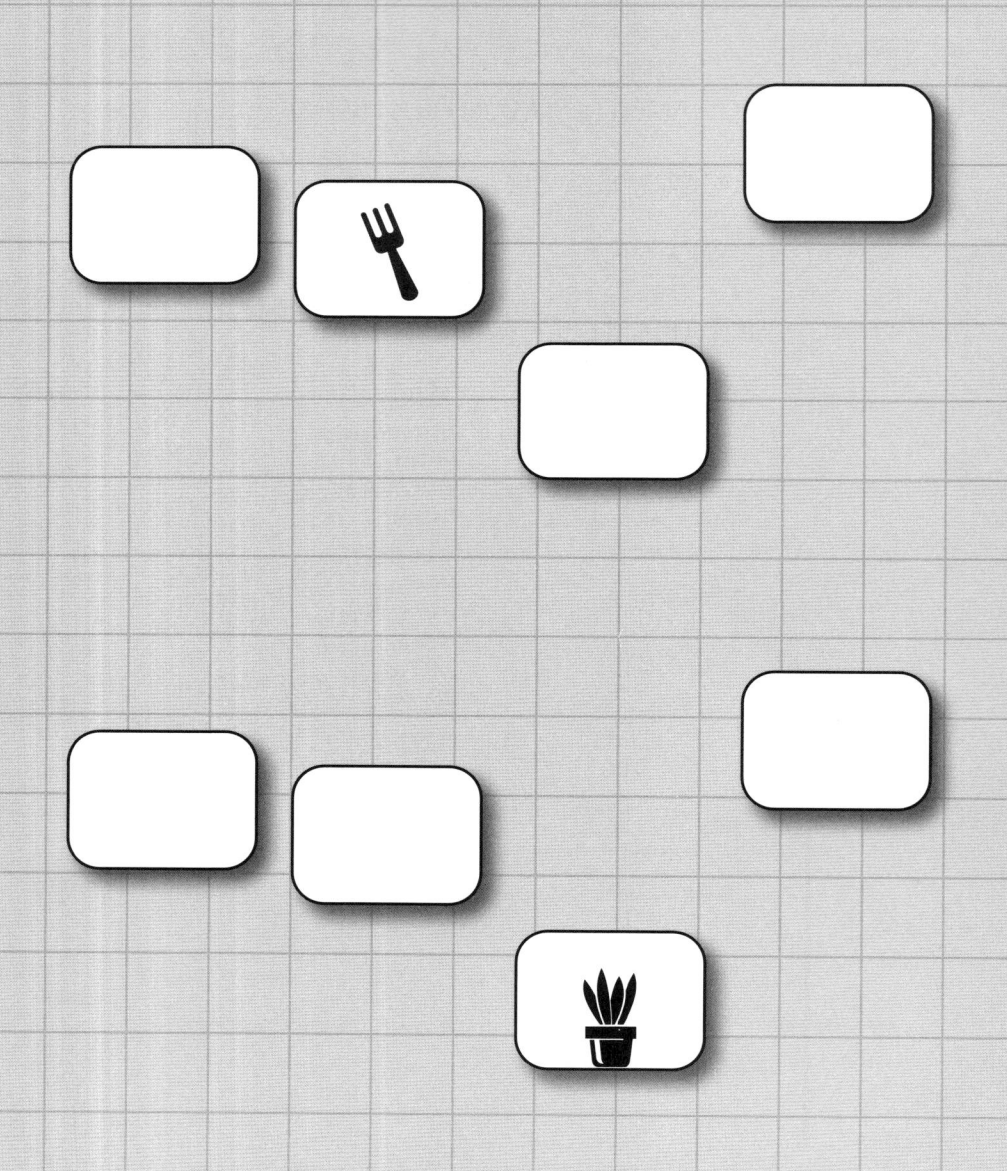

Em qual quadrado estava o garfo? E o vaso de plantas?

15. Memorize essas sequências de três palavras, uma de cada vez, e repita em voz alta. Em seguida, repita o exercício, mas agora na ordem inversa.

MADEIRA, VERDE, CANETA

TECLA, MÚSICA, CARROSSEL

SANDUÍCHE, SAPATO, PAREDE

CÉU, CARRO, PASTO

IRMÃ, VIAGEM, SORRISO

EMPRESA, CAMINHÃO, CALÇAS

PRIMEIRO, VENTO, CABELO

AÇÚCAR, ESPELHO, JARDIM

CHAVE DE FENDA, LUZ, BURACO

ACELERAR, GRADE, ÂNCORA

16. Escreva as séries habituais abaixo o mais rápido possível, mas na ordem inversa:

OS DIAS DA SEMANA. COMECE PELA QUINTA-
-FEIRA...

AS NOTAS MUSICAIS. COMECE PELA NOTA
FÁ...

AS ESTAÇÕES DO ANO. COMECE PELO OUTONO...

OS MESES DO ANO. COMECE PELO MÊS DE
ABRIL...

17. Elabore uma frase ou história com cada uma dessas três palavras.

EXEMPLO: TECIDO, COMPUTADOR, COPO

Derramei um copo de água na capa de tecido do computador.

REAIS, POTE, GELEIA

TRIGÊMEOS, ONDAS, MERCADORIA

EPIDEMIA, CAMA, OVELHA

VETERINÁRIO, UNIVERSIDADE, CRIME

Agora, sem olhar e apoiando-se na história que você elaborou, preencha as lacunas de cada série.

✓ REAIS, _ _ _ _ _, _ _ _ _ _ _ _ _ _.

✓ _ _ _ _ _ _ _ _ _, ONDAS, _ _ _ _ _ _ _ _ _.

✓ _ _ _ _ _ _ _ _, _ _ _ _, OVELHA.

✓ VETERINÁRIO, _ _ _ _ _ _ _ _ _ _ _ _, _ _ _ _ _ _.

18. Abaixo, você descobrirá os *hobbies* de cada um dos membros da família Rodrigues. Memorize-os e responda às perguntas da próxima página:

André, o pai
PESCAR e COZINHAR

Maria, a mãe
LER e IR AO CINEMA

Sônia, a filha mais velha
COLECIONAR PEDRAS, ANDAR DE BICICLETA

Albertinho, o caçula
DANÇAR, PINTAR

37

1) Quais são os *hobbies* da filha mais velha?

2) Quem gosta de ler e ir ao cinema?

3) Tem alguém que gosta de cozinhar e ouvir música?

4) Qual é o nome do filho mais novo?

5) Quais são os *hobbies* de Maria, a mãe?

6) Que *hobbies* o pai tem?

7) Do que o caçula da família gosta?

8) Qual é o nome da filha mais velha?

19. Observe seu quarto por alguns segundos. Depois, responda às seguintes perguntas:

Quantos objetos de madeira tem no quarto?

Quantos objetos grandes (de mais de 1m²)?

Quantos objetos estão pendurados ou apoiados na parede?

Quantos objetos de tecido tem no quarto? E de metal?

Quantos objetos vermelhos tem no quarto? E verdes? E amarelos?

Quantos objetos de vidro?

Quantos objetos com 4 pés?

Quantos objetos são redondos?

20. Observe atentamente a imagem abaixo por aproximadamente três minutos e tente memorizar o máximo de palavras.

roupa de banho *chave inglesa*

CONSERTO espreguiçadeira

livro ESTANTE

empréstimo AVENTAL FACA

DOCUMENTO DE IDENTIDADE

FRIGIDEIRA

carro água gramado

cozinheiro PNEU

Quantas você conseguiu memorizar?

Anote o número de palavras que você conseguiu lembrar.

Agora observe as categorias abaixo e você verá como, ao agrupar as palavras em torno de um tema, é muito mais fácil lembrá-las.

CONSERTO carro

OFICINA PNEU chave inglesa

BIBLIOTECA livro **empréstimo**

DOCUMENTO DE IDENTIDADE ESTANTE

PISCINA esprequiçadeira água

roupa de banho gramado

FACA cozinheiro

COZINHA AVENTAL FRIGIDEIRA

Repita o exercício, agora levando em conta essas categorias, e anote o número de palavras que você lembrou. Quantas palavras a mais você conseguiu se lembrar desta vez?

21. Os acrônimos são "palavras-gancho", em que cada letra é a inicial das palavras que queremos lembrar. Por exemplo, FOFA (método de análise) significa "Forças, Oportunidades, Fraquezas e Ameaças".

Ernesto tem cinco filhos e seus horóscopos são:
Áries, Touro, Gêmeos, Aquário e Sagitário, mas ele nunca consegue se lembrar dos signos. Ajude-o a lembrar dos signos inventando um acrônimo para eles.

22. Memorize os pares de palavras abaixo por dois minutos. Em seguida, faça o exercício da próxima página.

TOMATE	FALANGE
TRIO	BATATA
RINOCERONTE	TECLADO
MINISTRO	PLANETA
ANTENA	GALERIA

Preencha as lacunas e complete os pares.

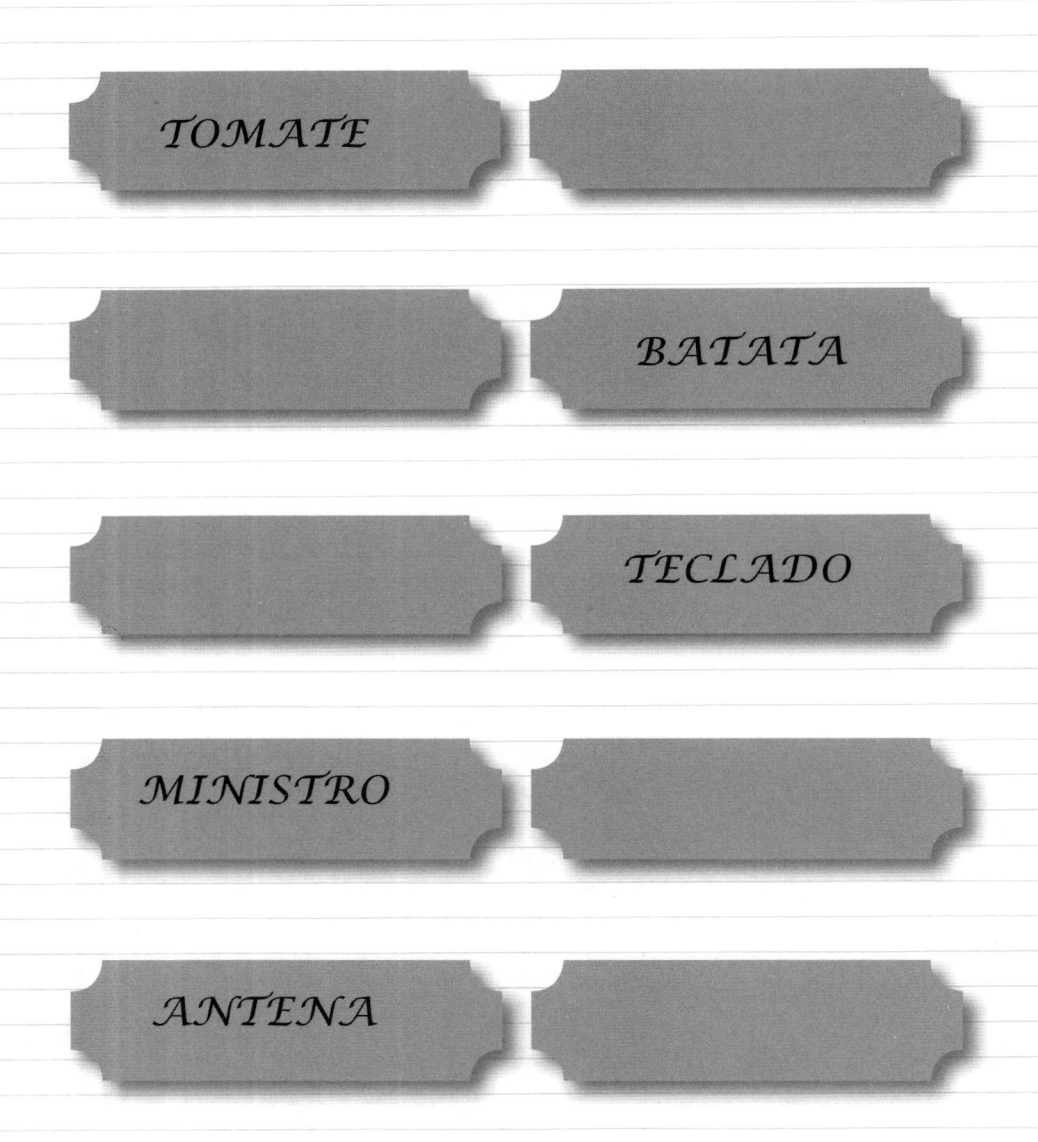

TOMATE

BATATA

TECLADO

MINISTRO

ANTENA

23. Escreva uma lista com 20 objetos feitos de madeira.

24. A técnica de encadeamento é utilizada para encadear palavras/imagens estabelecendo uma relação entre elas.

Por exemplo
Se queremos memorizar as palavras: TOMADA, PARTE, TORRE EIFFEL, podemos imaginar que na nossa casa tem uma TOMADA com um cabo muito longo que atravessa a Espanha e a França por PARTES, até chegar à TORRE EIFFEL.

Se precisamos gravar as palavras: MÚSICO, ESPINGARDA, GALA, imaginamos um MÚSICO que, ao sair de casa, pega a ESPINGARDA e vai a uma loja de roupas comprar um traje de GALA.
A vantagem dessa técnica é que ela nos permitirá lembrar as palavras mais tarde, na ordem exata em que as aprendemos.

Invente uma história que permita associar e encadear as seguintes palavras:

**CAMINHÃO, LIVROS, ÁRVORE
BALDE, RELÓGIO, MICROSCÓPIO
ÓCULOS, QUEIJO, AGRICULTOR**

Agora ligue com uma seta as três imagens associadas graças à história encadeada que você inventou.

25. Observe a lista de eletrodomésticos abaixo por um minuto. Tente memorizá-los de modo a lembrar quais estão ligados e quais estão desligados.

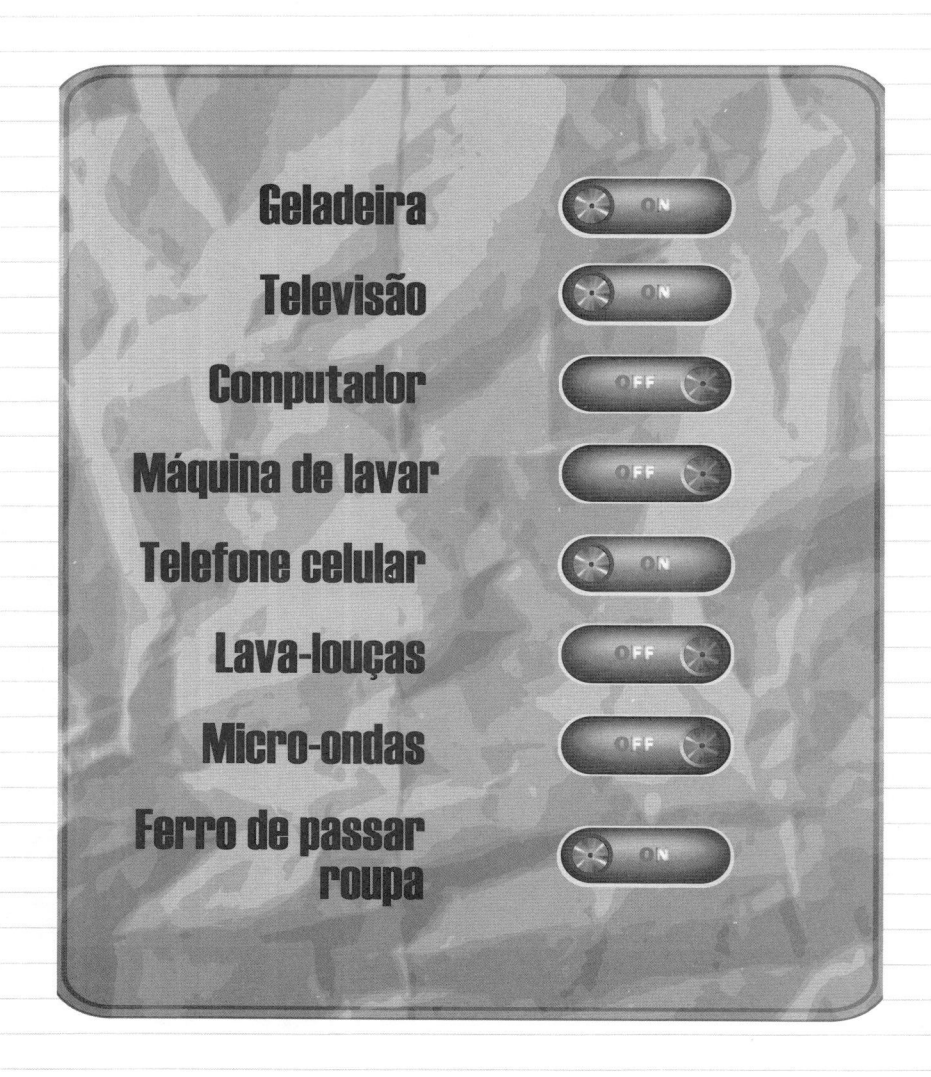

Depois de memorizá-los, preencha o questionário abaixo:

	ON	OFF
Geladeira	☐	☐
Televisão	☐	☐
Computador	☐	☐
Máquina de lavar	☐	☐
Telefone celular	☐	☐
Lava-louças	☐	☐
Micro-ondas	☐	☐
Ferro de passar roupa	☐	☐

Agora vamos sugerir uma técnica que vai te ajudar muito. Imaginamos os objetos ligados no cômodo mais iluminado da nossa casa, por exemplo, em cima do sofá da sala de jantar.

Dessa forma, ao lembrar apenas desses quatro elementos, já temos a resposta do teste de memória visualizando uma única imagem.

DESAFIOS

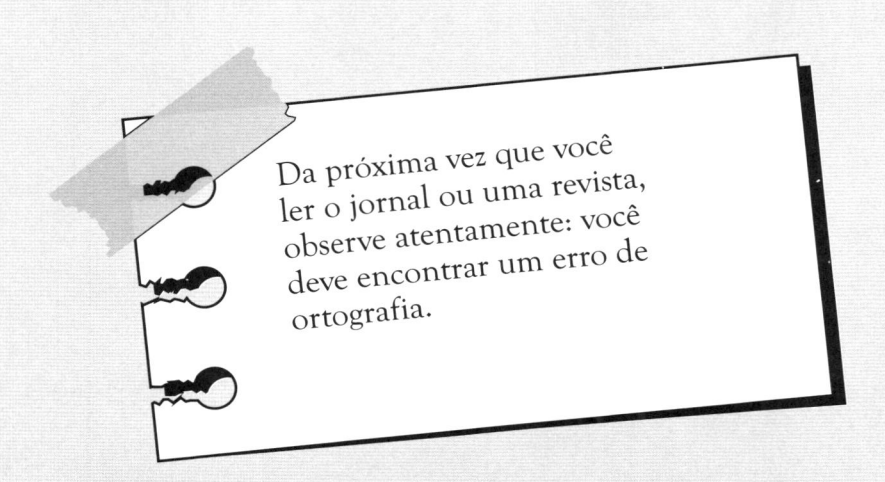

Da próxima vez que você ler o jornal ou uma revista, observe atentamente: você deve encontrar um erro de ortografia.

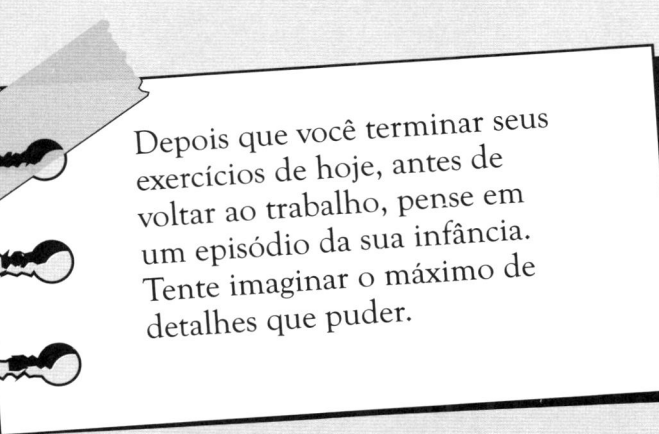

Depois que você terminar seus exercícios de hoje, antes de voltar ao trabalho, pense em um episódio da sua infância. Tente imaginar o máximo de detalhes que puder.

EXERCÍCIOS DE
ATENÇÃO

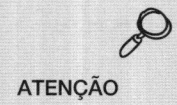

ATENÇÃO

26. Observe por um minuto os objetos abaixo. Em seguida, na próxima página, tente descobrir o que aconteceu.

Anote as mudanças que você observou:

27. Marque com um X todas as setas que não correspondem às destacadas.

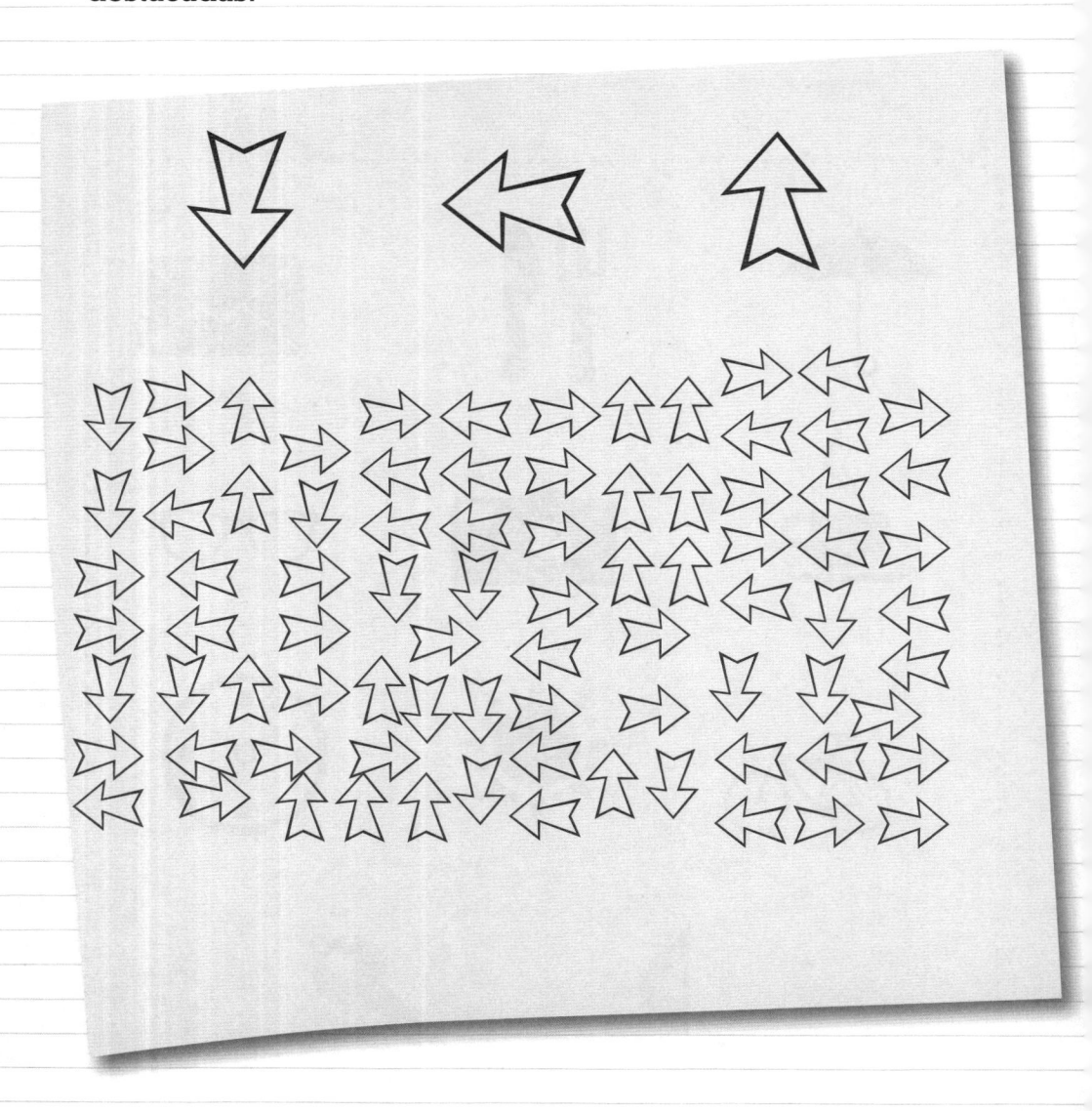

28. Você deve colorir os quadrados da tabela que contenham as letras RT e PF. Escolha uma cor diferente para cada um dos grupos de letras. Tente fazê-lo no menor tempo possível.

RT   PF

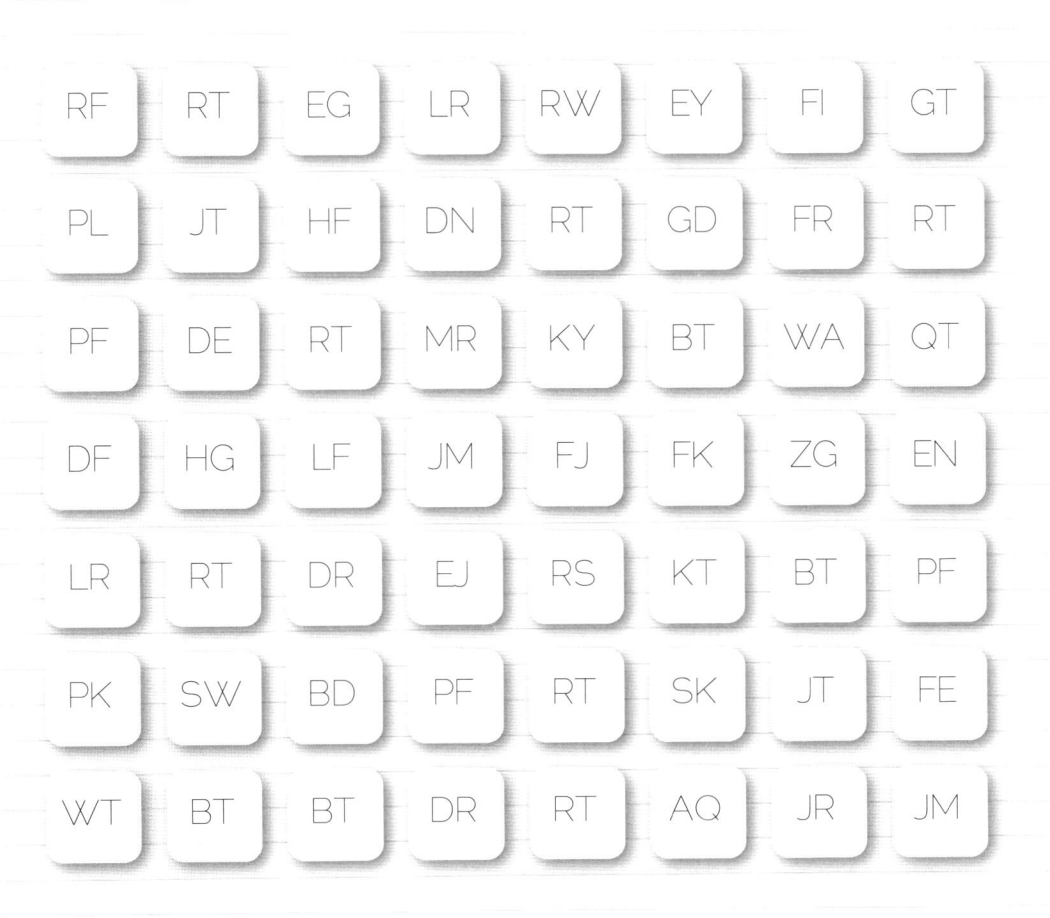

RF	RT	EG	LR	RW	EY	FI	GT
PL	JT	HF	DN	RT	GD	FR	RT
PF	DE	RT	MR	KY	BT	WA	QT
DF	HG	LF	JM	FJ	FK	ZG	EN
LR	RT	DR	EJ	RS	KT	BT	PF
PK	SW	BD	PF	RT	SK	JT	FE
WT	BT	BT	DR	RT	AQ	JR	JM

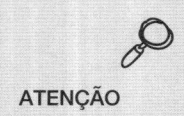

ATENÇÃO

29. Encontre seis diferenças entre cada par de imagens. Marque-as com um X na segunda imagem.

30. Marque os códigos no teclado o mais rápido possível. Você pode marcar ou colorir as letras. Cuidado com as letras maiúsculas: você deve marcá-las quantas vezes forem necessárias, assim como as letras repetidas.

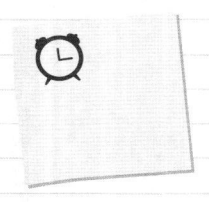

Tdga935F3ddh8

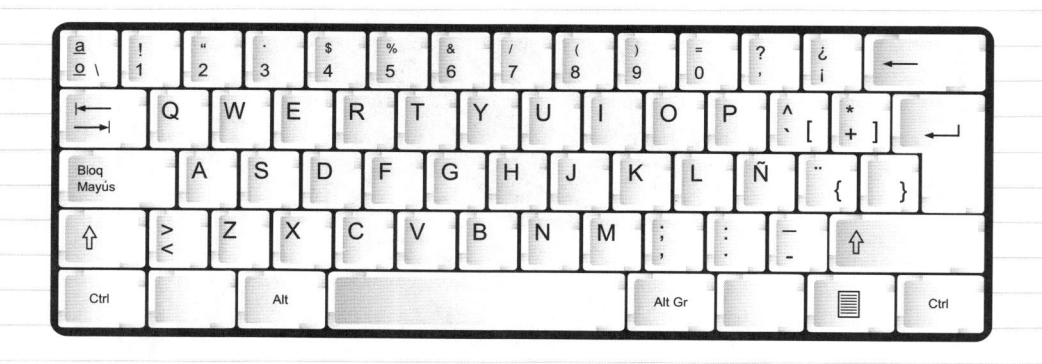

Tgg2jgj48fnda

Wgeo3gw942jeh

31. Relembre os algarismos romanos. Em seguida, você deverá escrever em algarismos romanos os números que propomos abaixo. Lembre-se de que as letras não podem se repetir mais de três vezes seguidas.

1 = I	6 = VI	11 = XI	20 = XX	70 = LXX
2 = II	7 = VII	14 = XIV	30 = XXX	90 = XC
3 = III	8 = VIII	15 = XV	40 = XL	100 = C
4 = IV	9 = IX	18 = XVIII	50 = L	500 = D
5 = V	10 = X	19 = XIX	60 = LX	1000 = M

79 =	34 =	23 =
17 =	87 =	68 =
44 =	95 =	54 =

32. Complete este gráfico ordenando as cidades, do menor ao maior número de habitantes:

BUDAPESTE 1.740.041 HAB. / PRAGA 1.241.664 HAB.

MUNIQUE 1.388.308 HAB. / BARCELONA 1.611.822 HAB.

VIENA 1.741.246 HAB. / HAMBURGO 1.734.272 HAB.

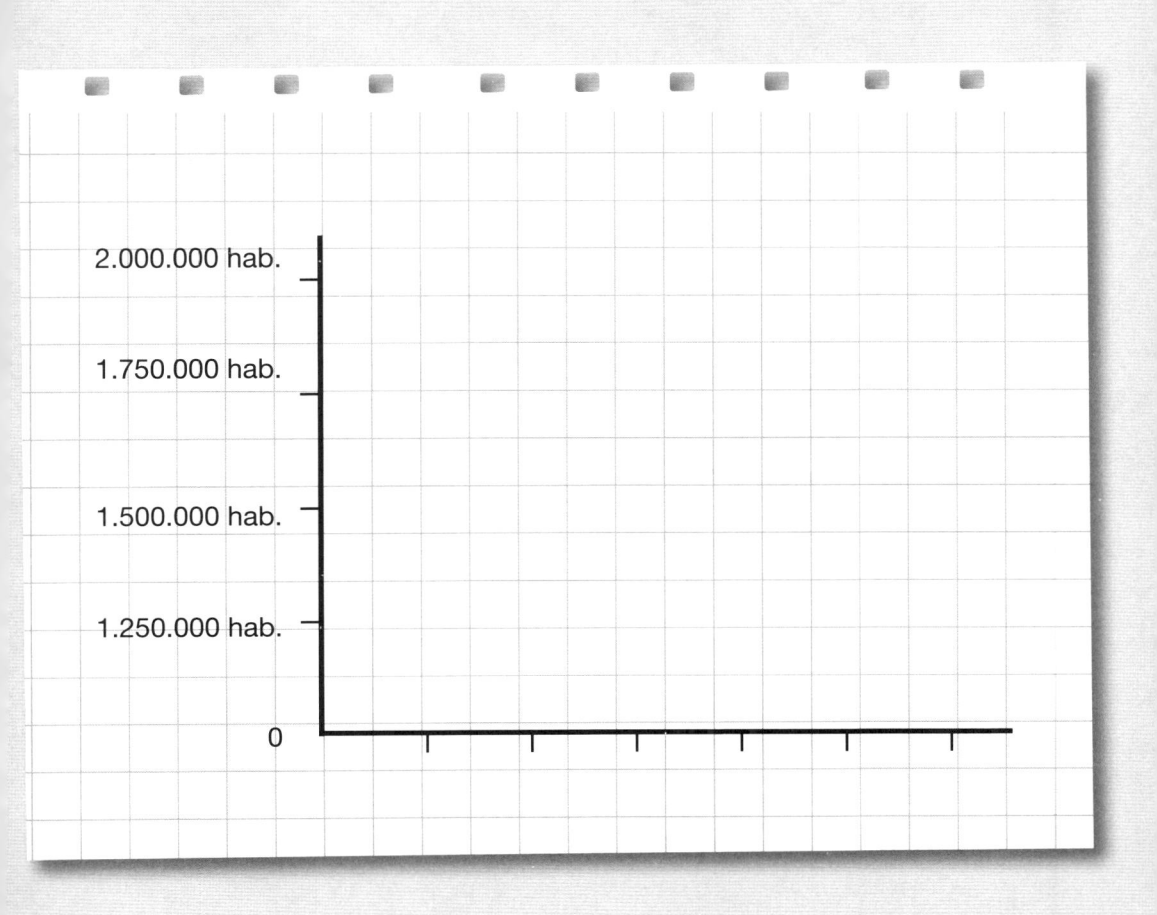

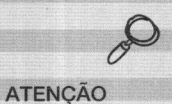

33. Nessa matriz, temos números de 1 a 20. Todos, exceto cinco deles, se repetem. Encontre e circule esses cinco números que ficaram sozinhos.

1	6	20	12	4
8	3	7	15	6
6	14	15	7	9
13	15	11	13	8
4	8	5	6	10
16	18	2	1	12
18	20	5	20	14
14	4	13	16	18
2	17	8	10	2
5	6	2	19	7

34. Reescreva as palavras abaixo, mas você deve fazê-lo em ordem alfabética. Calcule o tempo que você leva para fazer isso. Tente fazê-lo em menos de três minutos.

BOLA	ZUMBIDO		FANTÁSTICO
UVA	IMPULSO	ÍNDIO	GESSO
RATOEIRA	TER		GATO
MINÚSCULO			
TENSIONAR	PENSAR		ORNAMENTO
NEGAR	JOGO		TORTA
ESTAÇÃO	MINA	CASADO	QUEIJO
	RIR		
CENOURA	RATO		ABASTADO
IMPÉRIO	MEDO		ABRIGAR

ATENÇÃO

35. Circule as três figuras repetidas na imagem abaixo.

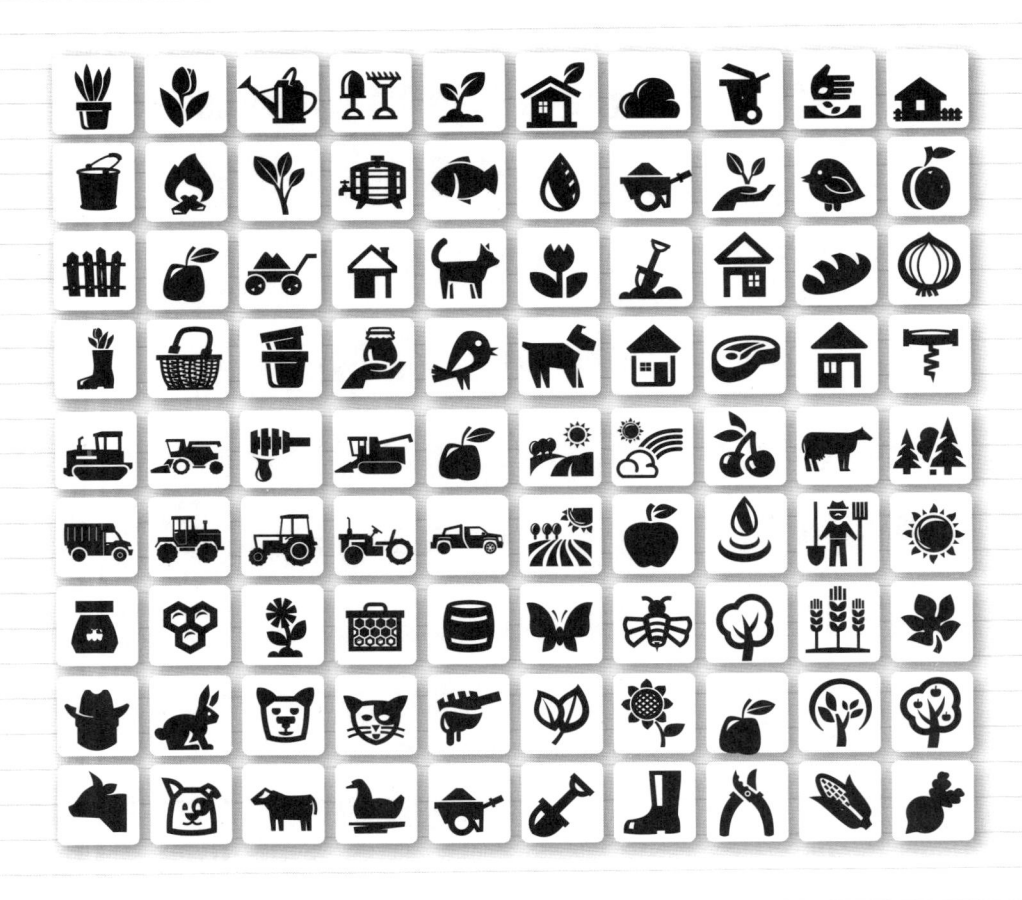

36. Abaixo há uma lista de países. No menor tempo possível, complete as seguintes tarefas:

✓ Circule os países que contêm a letra A.
✓ Sublinhe os países que começam com a letra M.
✓ Risque os países que começam com a letra R.
✓ Por fim, anote os países que não atendem a nenhuma das condições acima.
✓ Concentre-se em apenas uma das ações de cada vez.

AFEGANISTÃO	BURUNDI	PERU
MONTENEGRO	LÍBANO	RÚSSIA
ITÁLIA	SÃO TOMÉ E PRÍNCIPE	QUÊNIA
LUXEMBURGO	KUWAIT	LAOS
ILHAS CAYMAN	REPÚBLICA DOMINI-CANA	MACEDÔNIA
COLÔMBIA		JÔRDANIA
ARÁBIA SAUDITA	BAHAMAS	GUIANA
ZIMBÁBUE	ANTÍGUA E BARBUDA	ÁUSTRIA
MÉXICO	MÔNACO	ALBÂNIA
RUANDA		NORUEGA
		PORTUGAL

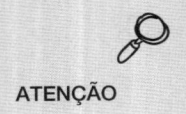

ATENÇÃO

37. Observe atentamente os números. No final do exercício, indique o número que se repete menos vezes e o número que se repete mais vezes. Anote também quantas vezes cada um aparece.

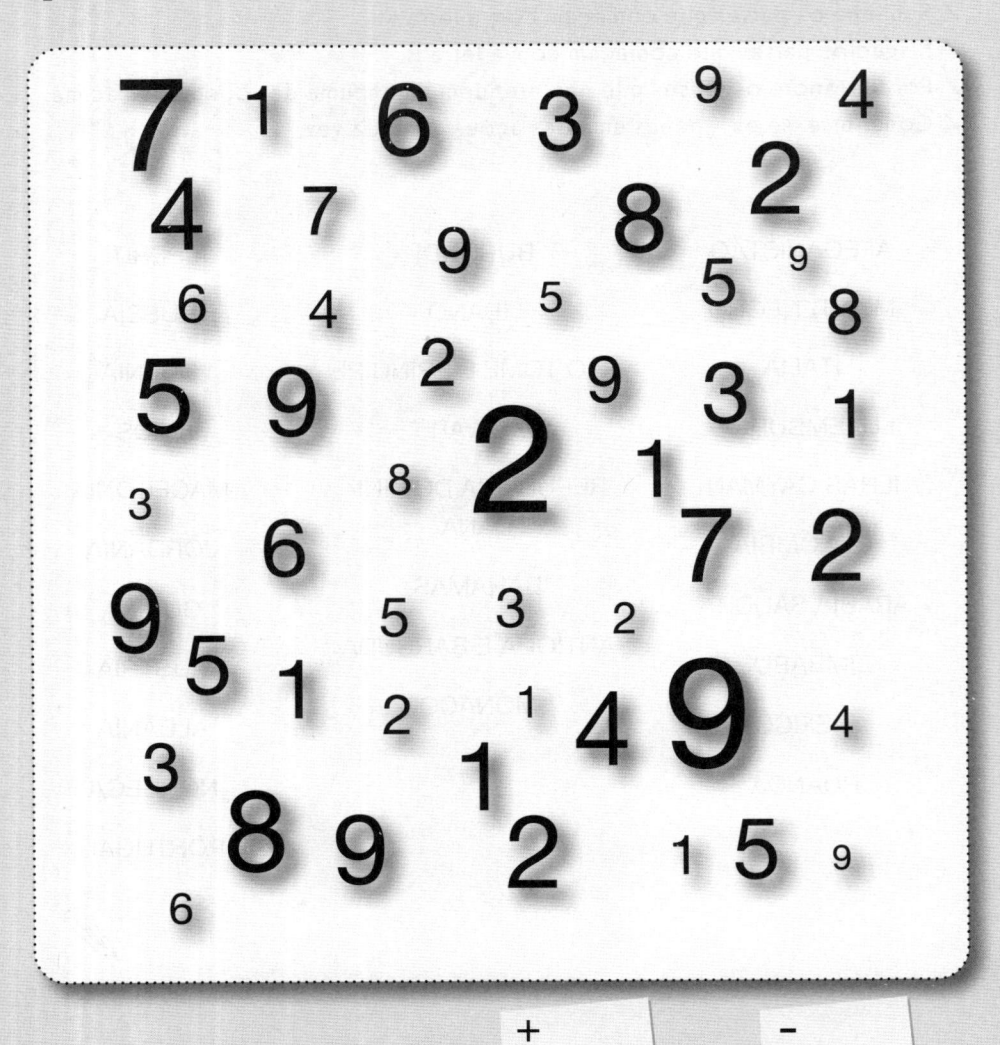

38. Combine as diferentes sílabas para encontrar seis objetos domésticos. Cada sílaba só pode ser usada uma vez.

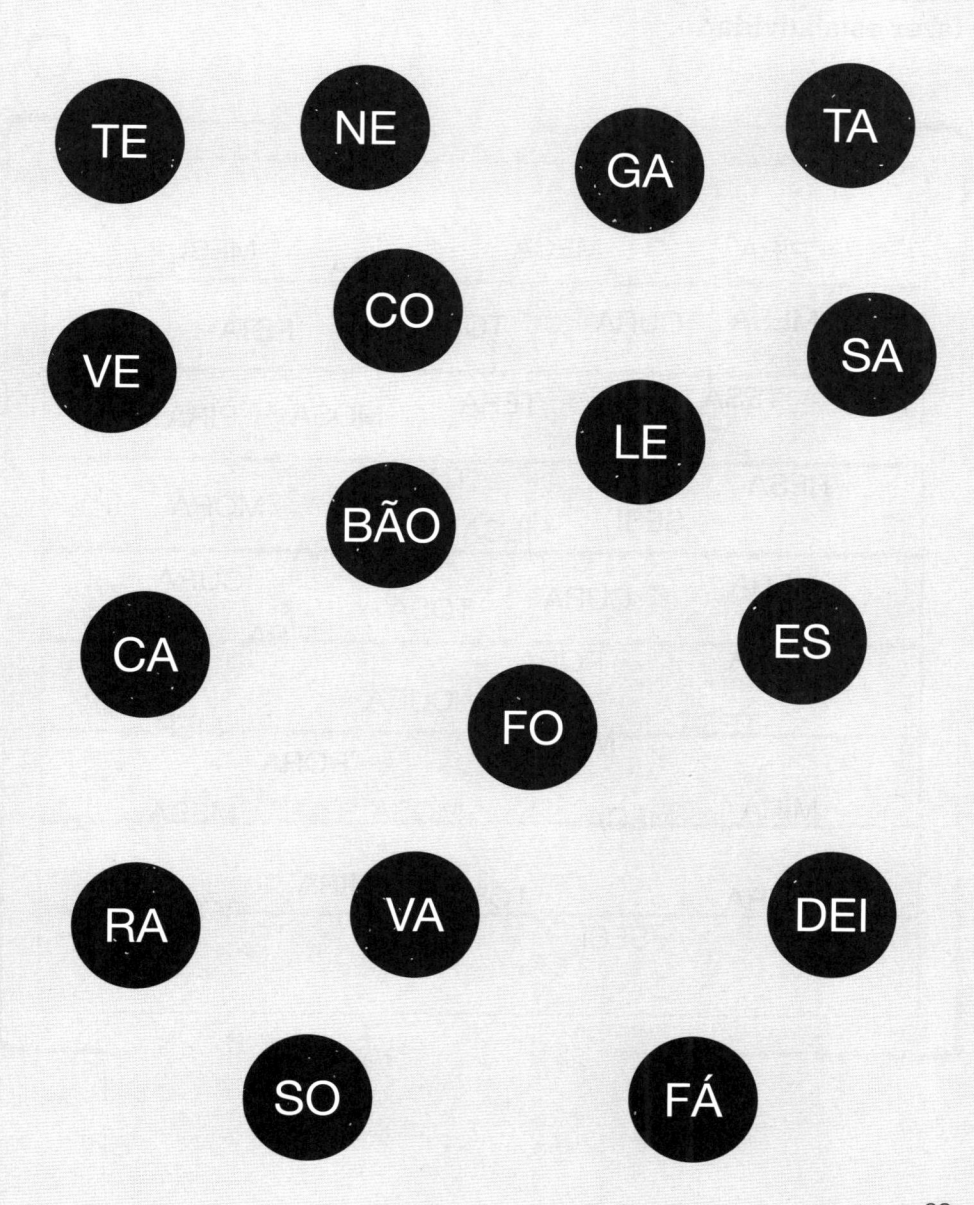

39. No meio de todas essas palavras, a palavra MESA está escondida algumas vezes. Encontre-a e anote o número de vezes em que ela aparece. Marque o tempo que você leva para fazer esta atividade.

PIRA	MECA	CESA	MESI
MESA	CURA	TOSA	PETA
TESA	TERA	MOSA	PIRA
MERA			
RESA	TOSA		MORA
SESI	MECA	MERA	
MERA	CURA	TOSA	CURA
		PIRA	
SESA	PORA	CURA	
TESA	MECA		MERA
		PORA	
MIRA	MECA	MOSA	MESA
PIRA	TOSA	MIRA	RESA
	SESI		

40. Encontre as sequências abaixo no quadrado com números. Elas podem estar de baixo para cima, da esquerda para a direita e na diagonal.

3781 - 4591 - 8344 - 9087 - 1231 - 0973

4	5	2	1	0	4	2
3	2	8	5	9	0	1
7	9	2	3	8	2	7
8	6	9	6	4	6	1
1	0	7	2	3	4	3
7	6	4	5	9	1	6
4	2	3	8	6	9	1
0	1	2	3	1	0	5
3	9	1	8	3	8	2
2	6	7	6	1	7	5
4	6	4	3	2	2	9

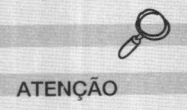

ATENÇÃO

41. Encontre a silhueta que corresponde à imagem. Circule-a. Marque quanto tempo você leva para encontrá-la.

42. Aqui estão todas as letras do alfabeto. Ligue-as com uma linha em ordem alfabética. Marque o tempo que você leva para completar o exercício.

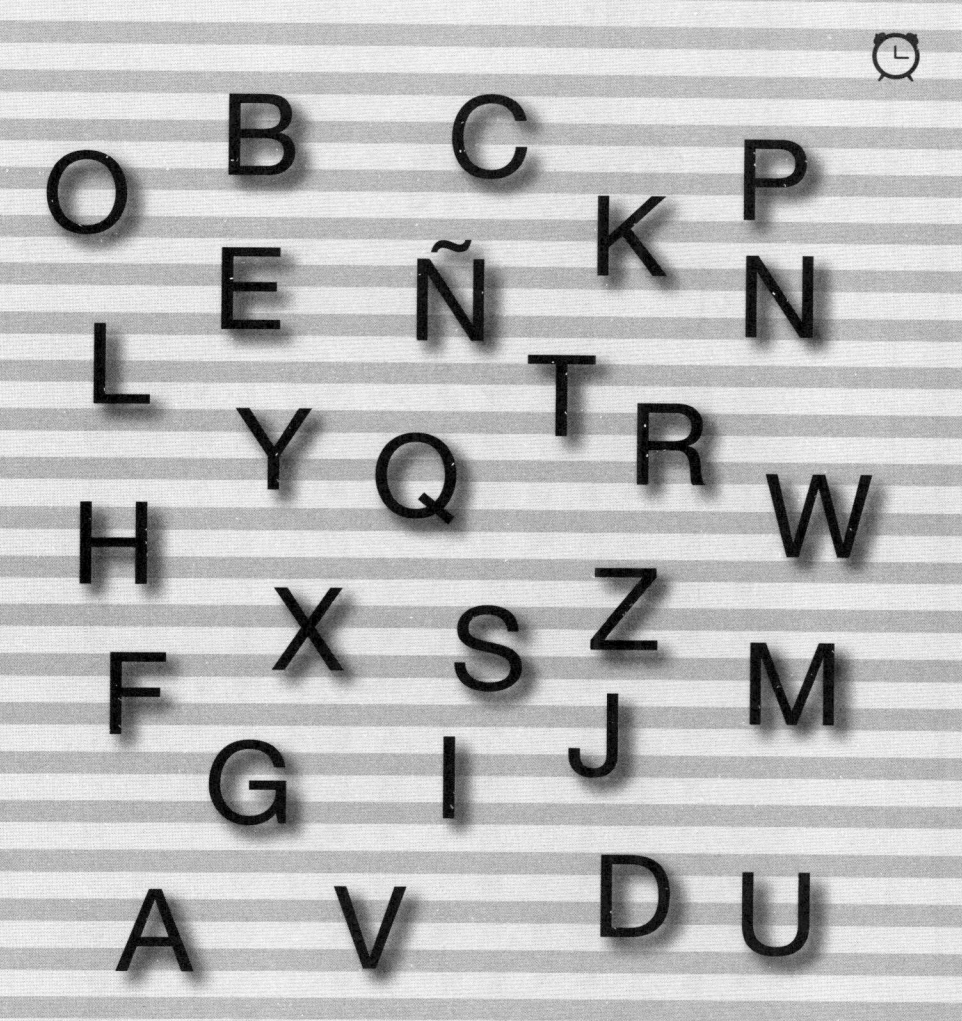

Agora você deve ligá-las de novo, mas a ordem deve ser inversa, ou seja, você começará com a letra Z e terminará com o A. Marque o tempo novamente.

43. Apresentamos a você vários objetos. Na imagem abaixo, esses objetos estão escondidos entre muitos outros. Você tem 2 minutos para encontrá-los, circulá-los e apontar qual dos objetos apresentados não está entre os demais.

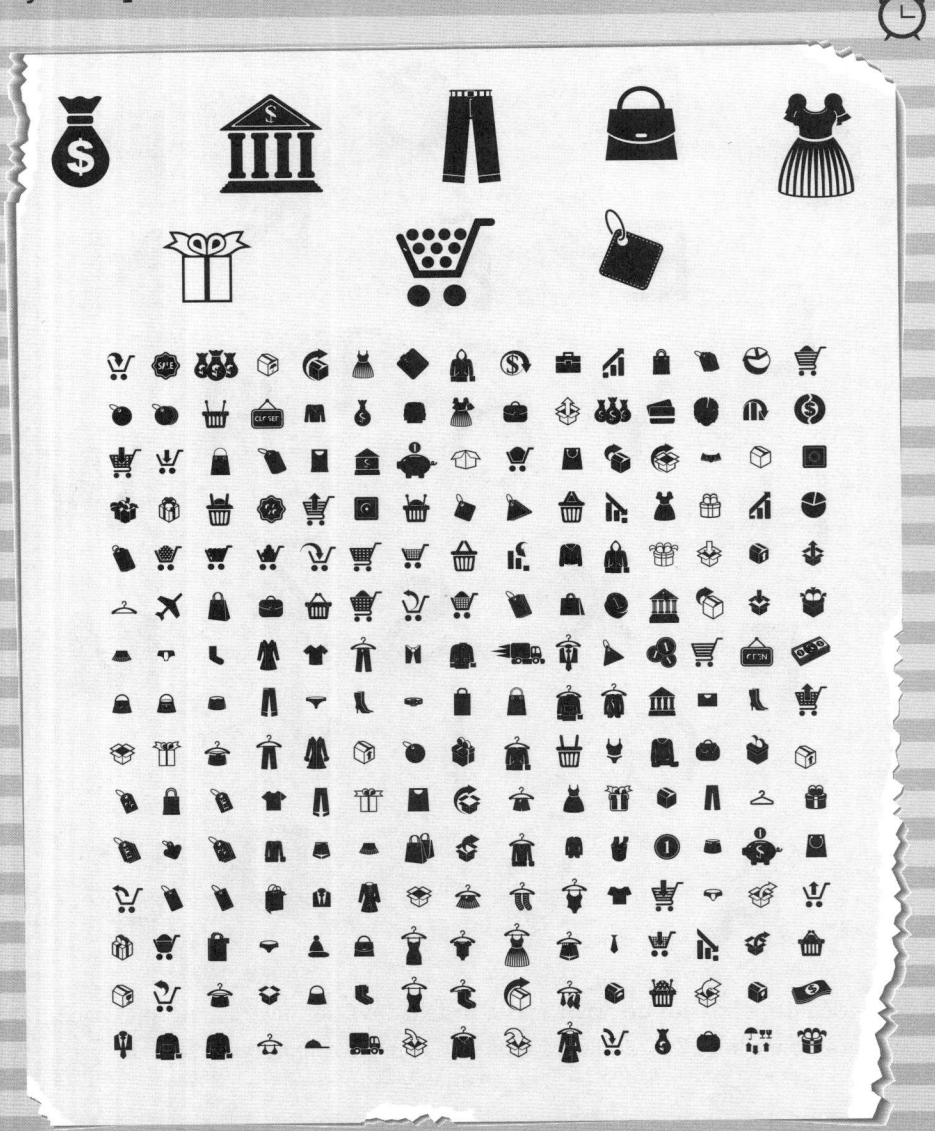

44. Aqui apresentamos 20 desenhos diferentes. Cada um deles tem um par. Ligue os pares com setas.

ATENÇÃO

45. Nesta imagem estão escondidas várias ilhas. Encontre-as, circule-as e anote o número de vezes que elas se repetem.

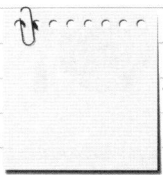

46. Você é o diretor de uma escola e precisa dividir uma turma de 20 alunos em dois grupos de 10. Você deve levar em consideração as seguintes regras para formar os grupos:

✓ O número de meninos e meninas deve ser igual.
✓ Você deve colocá-los em ordem alfabética.
✓ Não pode repetir sobrenomes no mesmo grupo.
✓ Julia e Glória não podem ser do mesmo grupo.

Sara Vicente, Marcos Martins, Maria Rodrigues,
Manuel Gonçalves, Nicolas Correia, Luis Trigo, Pilar Silveira,
Ana Garcia, Julio Gonçalves, Glória Martins, João Carlos Otero,
Miguel Avelar, Jorge Navarro, Cláudia Ávila, Vitor Garcia,
Francisco Queiroz, Antônio Rodrigues, Julia Batista,
Martina Tudela, David Vieira

GRUPO 1	GRUPO 2

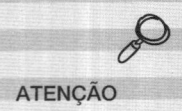

47. Aqui temos doze figuras. Circule apenas as quatro que correspondem a um objeto real. Tente fazê-lo no menor tempo possível.

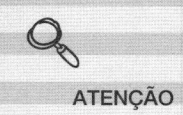

48. Nesta tabela aparecem os números de 1 a 50. Descubra os que estão faltando.

21	38	8	13	20
2	16	44	31	33
45	29	42	35	48
43	25	4	27	26
7	41	9	50	34
11	32	17	47	49
40	36	46	14	19
28	18	1	39	15
37				22
30				6

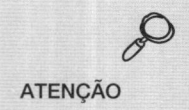

49. Identifique abaixo dois grupos de imagens. Ligue cada grupo com uma linha e descubra duas imagens intrusas.

50. Neste desenho há três formas escondidas. Você consegue encontrá-las?

EXERCÍCIOS DE **CÁLCULO MENTAL**

$\begin{array}{r} 12 \\ +25 \\ \hline \end{array}$

51. Resolva mentalmente os seguintes problemas. Resolva-os em menos de três minutos.

Em uma árvore, há 12 maçãs. 7 amadurecem e caem. Antônio colhe as maçãs que restam na árvore e colhe o dobro de maçãs da árvore ao lado. Quantas maçãs Antônio tem?

Nos últimos 5 jogos, Marcos marcou 4 gols, Vicente marcou 2 e João marcou a metade de Marcos e Vicente juntos. Quantos pontos os três marcaram juntos?

A caminho de casa, quebrei um terço de uma dúzia de ovos. Tenho mais meia dúzia em casa. Quantos ovos me restam?

Na turma de Júlio, há 21 alunos; na turma de sua irmã, 26. Hoje 6 crianças faltaram na turma de Júlio e 2 na turma de sua irmã. Quantas crianças foram à aula, somando as duas turmas?

Estamos no estacionamento −3 de um arranha-céu e temos que subir até o 14º andar. Quantos andares vou subir no elevador?

52. Preencha as lacunas com o número correspondente. Tente fazer o exercício em menos de dois minutos.

$2 + \boxed{} = 10$

$1 + \boxed{} = 10$

$4 + \boxed{} = 10$

$13 + \boxed{} = 20$

$\boxed{} + 5 = 20$

$\boxed{} + 8 = 20$

$6 + \boxed{} = 20$

$4 + \boxed{} = 20$

$17 + \boxed{} = 20$

$\boxed{} + 7 = 20$

$\boxed{} + 5 = 20$

$\boxed{} + 1 = 20$

$16 + \boxed{} = 20$

$9 + \boxed{} = 20$

$3 + \boxed{} = 30$

$\boxed{} + 9 = 30$

$12 + \boxed{} = 30$

$19 + \boxed{} = 30$

$24 + \boxed{} = 30$

$14 + \boxed{} = 30$

53. Complete os espaços em branco. Cada lado do triângulo deve somar o número que aparece no centro.

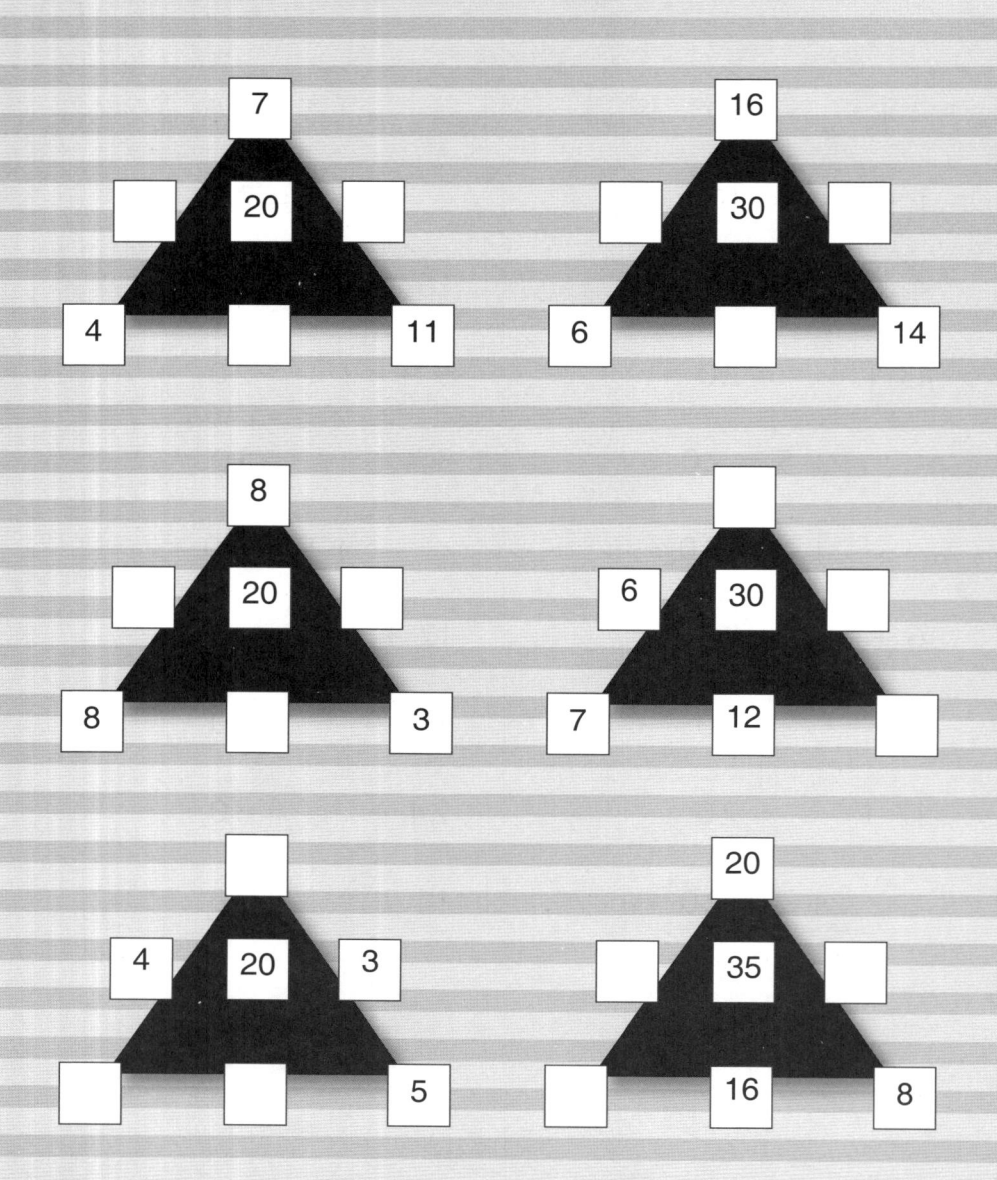

54. Conte de 240 a 300, de dois em dois, no menor tempo possível.

240

Conte de 150 a 240, de três em três, no menor tempo possível.

150

Conte de 135 a 270, de nove em nove, no menor tempo possível.

135

$$\begin{array}{r} 12 \\ +25 \\ \hline \end{array}$$

55. Corrija as operações abaixo. Marque as que estiverem incorretas.

$48 + 35 = 83$

$63 + 45 = 108$

$52 + 17 = 79$

$24 + 98 = 112$

$75 - 24 = 51$

$83 - 8 = 74$

$233 - 166 = 77$

$145 - 92 = 53$

$398 - 115 = 283$

$12 \times 3 = 39$

56. Com o lápis, trace uma linha unindo os círculos abaixo. A linha deve começar no círculo com o menor resultado e deve terminar no círculo com o maior resultado. Se preferir, você pode escrever o resultado dentro do círculo.

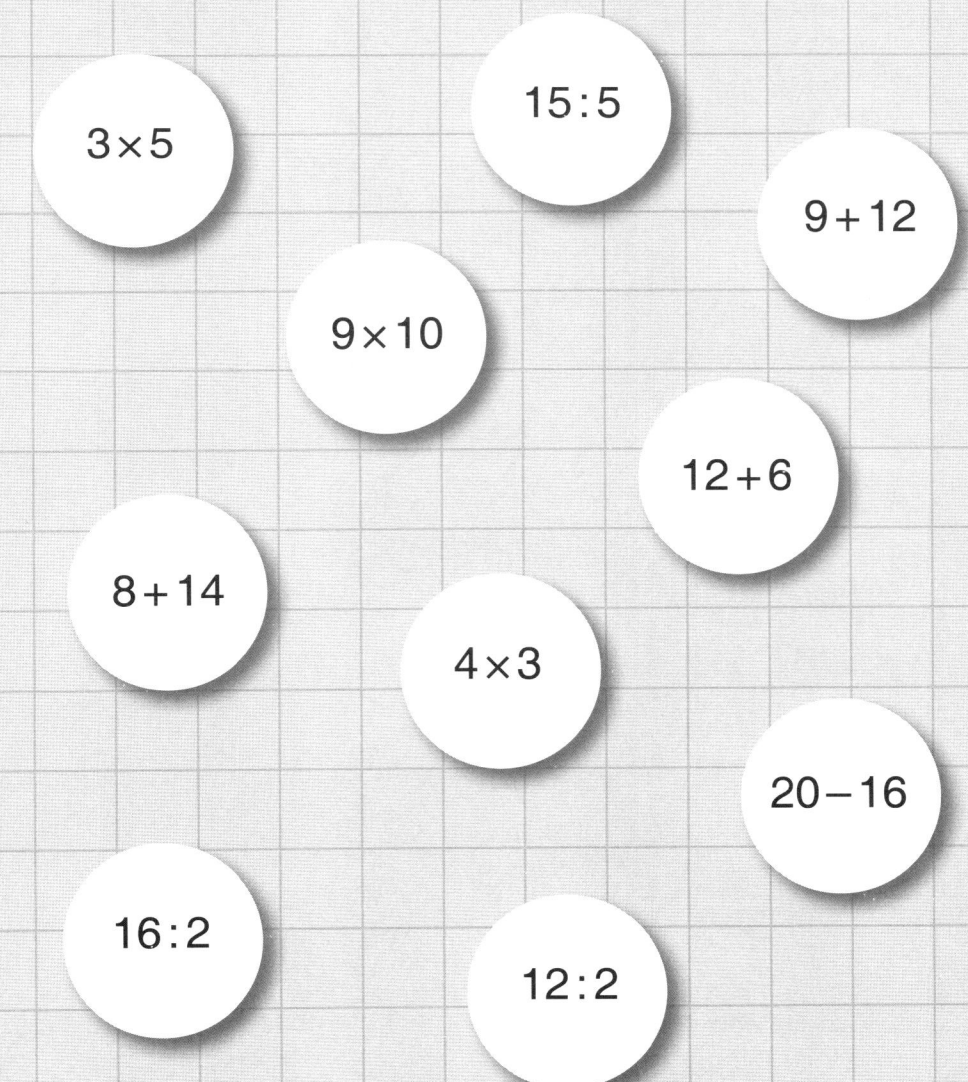

$$\begin{array}{r} 12 \\ +25 \\ \hline \end{array}$$

57. Escreva três tabuadas de multiplicação no menor tempo possível. Não são válidas as tabuadas de 0, 1 ou 10:

58. Aqui temos quatro minhocas. Tente completá-las no menor tempo possível.

12 +2 +4 +2 +4 +2 +4

14 +3 +3 +3 +3 +3 +4

20 +6 +6 +6 +6 +6 +6

40 −4 −4 −4 −4 −4 −4

59. Seguindo o exemplo abaixo, some cada número das placas até obter um único dígito:

4583 ➡ $4+5=9/9+8=17/17+3=20/2+0=2$

3611

5389

3769

5781

5951

7853

60. Abaixo há uma matriz com várias operações. Marque apenas os quadrados cujo resultado seja entre 25 e 30.

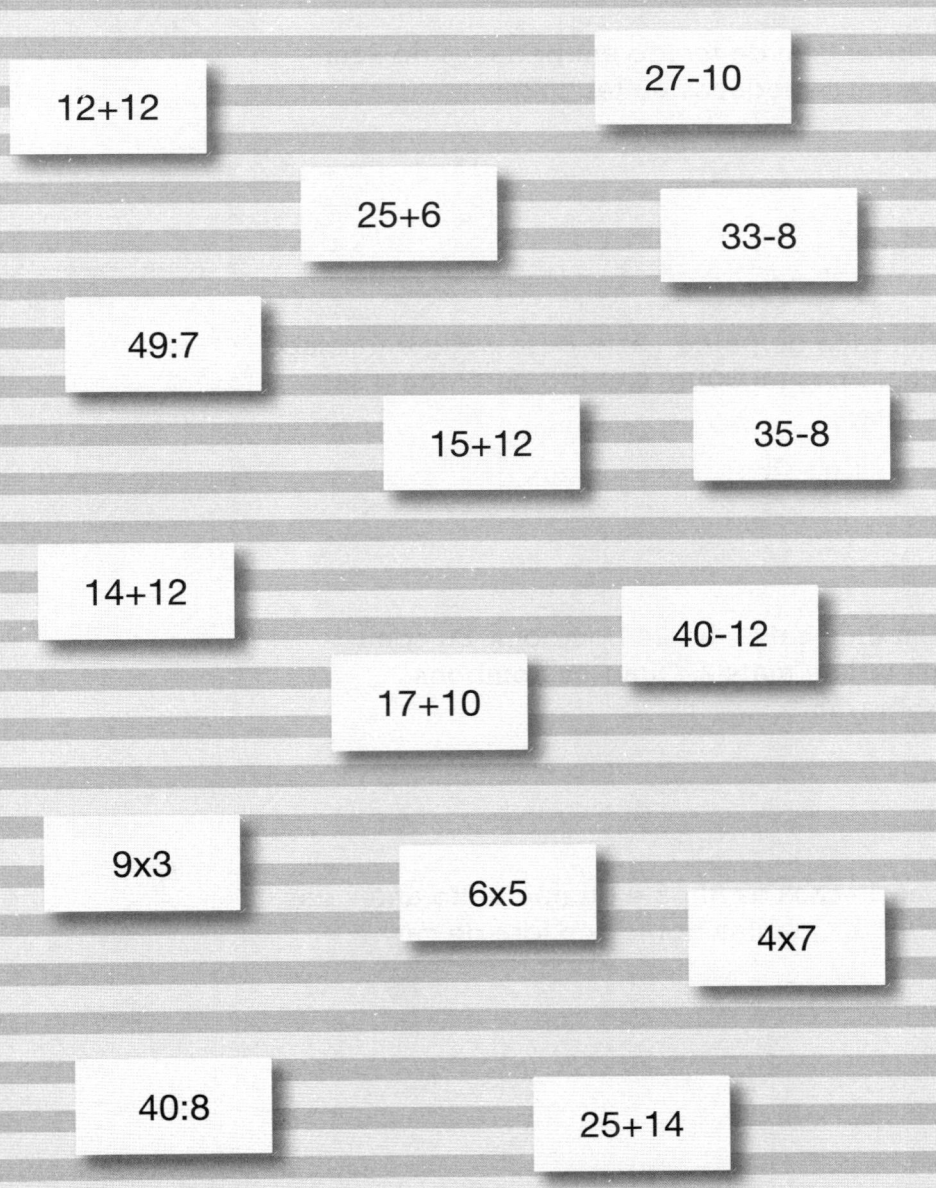

12+12

27-10

25+6

33-8

49:7

15+12

35-8

14+12

40-12

17+10

9x3

6x5

4x7

40:8

25+14

12
+25

61. Resolva mentalmente os problemas abaixo. Resolva-os em menos de três minutos.

Cortei 8cm de tecido em pedaços de 2cm. Quantos pedaços eu tenho?

Um saco de palha vazio pesa 200g e um saco cheio pesa 8.000g. Quanto de palha o saco contém?

Em uma caixa, há 24 bombons. Eu comi metade e mais 2. Quantos bombons sobraram?

Saí de casa às 8h05 e eu não volto antes das 19h00. Quantas horas fico fora de casa?

$$\begin{array}{r} 12 \\ +25 \\ \hline \end{array}$$

CÁLCULO MENTAL

62. No menor tempo possível, resolva as operações abaixo:

45 − 10 =

40 × 2 =

2 × 2 =

500 + 20 =

20 × 4 =

32 + 30 =

3 × 2 =

75 + 25 =

45 + 20 =

30 − 29 =

80 : 2 =

125 + 25 =

24 : 2 =

10 + 40 =

25 + 25 =

70 − 30 =

75 − 15 =

25 + 50 =

50 + 100 =

80 − 40 =

95

$\begin{array}{r} 12 \\ +25 \\ \hline \end{array}$

63. Complete o quadro. Marque o tempo que você leva para completá-lo.

✕	1	2	3	4	5
1					
2					
3					
4					
5					
6					
7					
8					
9					
10					

64. No menor tempo possível.

Você deve formar pares com os números cuja soma seja 100:

65   40   80   60

90   20   35   10

Indique, para cada número, quanto falta para chegar a 100:

32   67   70

93   55

Indique quanto falta para completar R$ 1,00:

23 centavos

38 centavos

66 centavos

39 centavos

15 centavos

12
+25

65. Aqui temos várias somas com peças de dominó, mas algumas delas estão vazias. Complete as peças de modo que sua soma dê o resultado indicado.

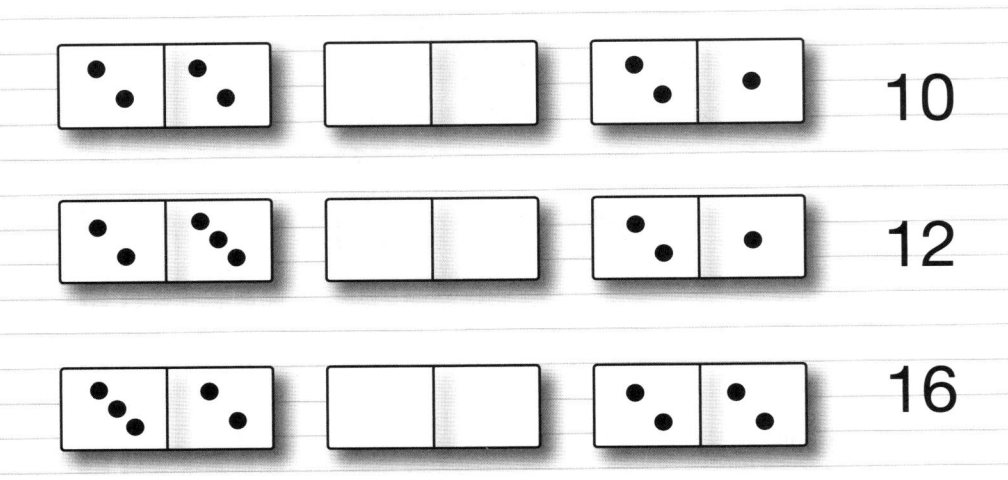

DESAFIOS

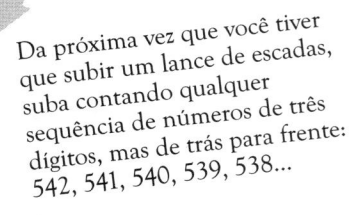

Da próxima vez que você tiver que subir um lance de escadas, suba contando qualquer sequência de números de três dígitos, mas de trás para frente: 542, 541, 540, 539, 538...

66. Resolva o enigma. Que número está escondido atrás de cada símbolo?

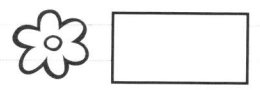  

| 5 | + ✿ | + ✿ | − 1 | = 10 |

 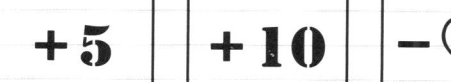 

| − ✿ | + 5 | + 10 | − ♡ | = 4 |

  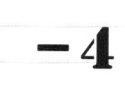 

| + 11 | − ♡ | + ✿ | − 4 | = ☀ |

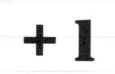 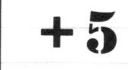 

| + ☀ | + 1 | + 5 | + 20 | = 28 |

| = 15 | = 1 | = 21 | = 7 |

$$\begin{array}{r} 12 \\ +25 \\ \hline \end{array}$$

67. Complete as pirâmides abaixo no menor tempo possível, sabendo que o campo superior é a soma dos dois inferiores:

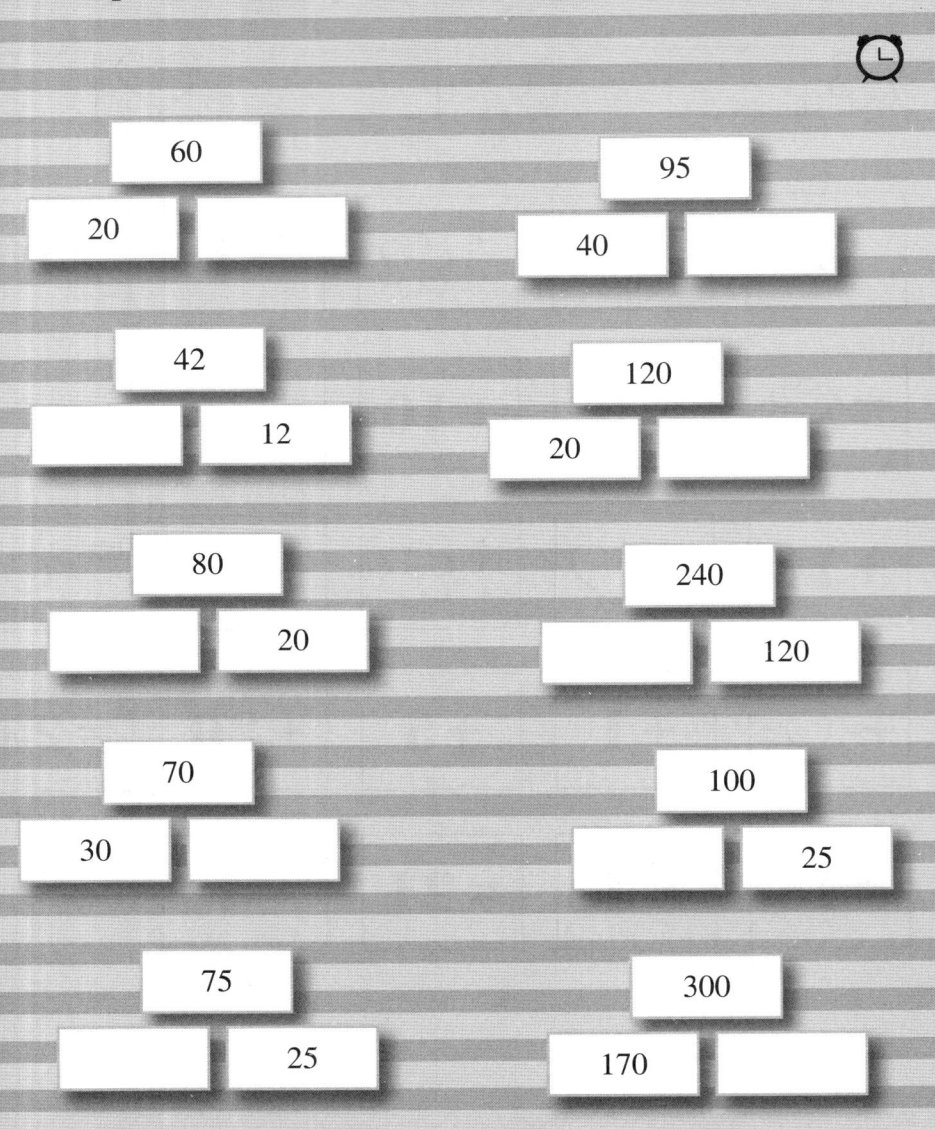

68. Resolva as seguintes divisões:

20 : 2 =

30 : 3 =

10 : 10 =

10 : 2 =

50 : 2 =

100 : 5 =

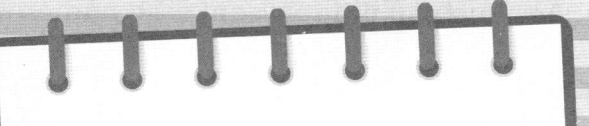

DESAFIOS

Quando você tiver um tempo livre nos próximos dias, encontre fotos antigas guardadas pela casa e observe-as.

69. Compre a quantidade de objetos que desejar, desde que a soma de seu valor seja 100. Você pode fazer diferentes combinações que não ultrapassem esse número:

70. Some cada um dos jogos de dados no menor tempo possível.

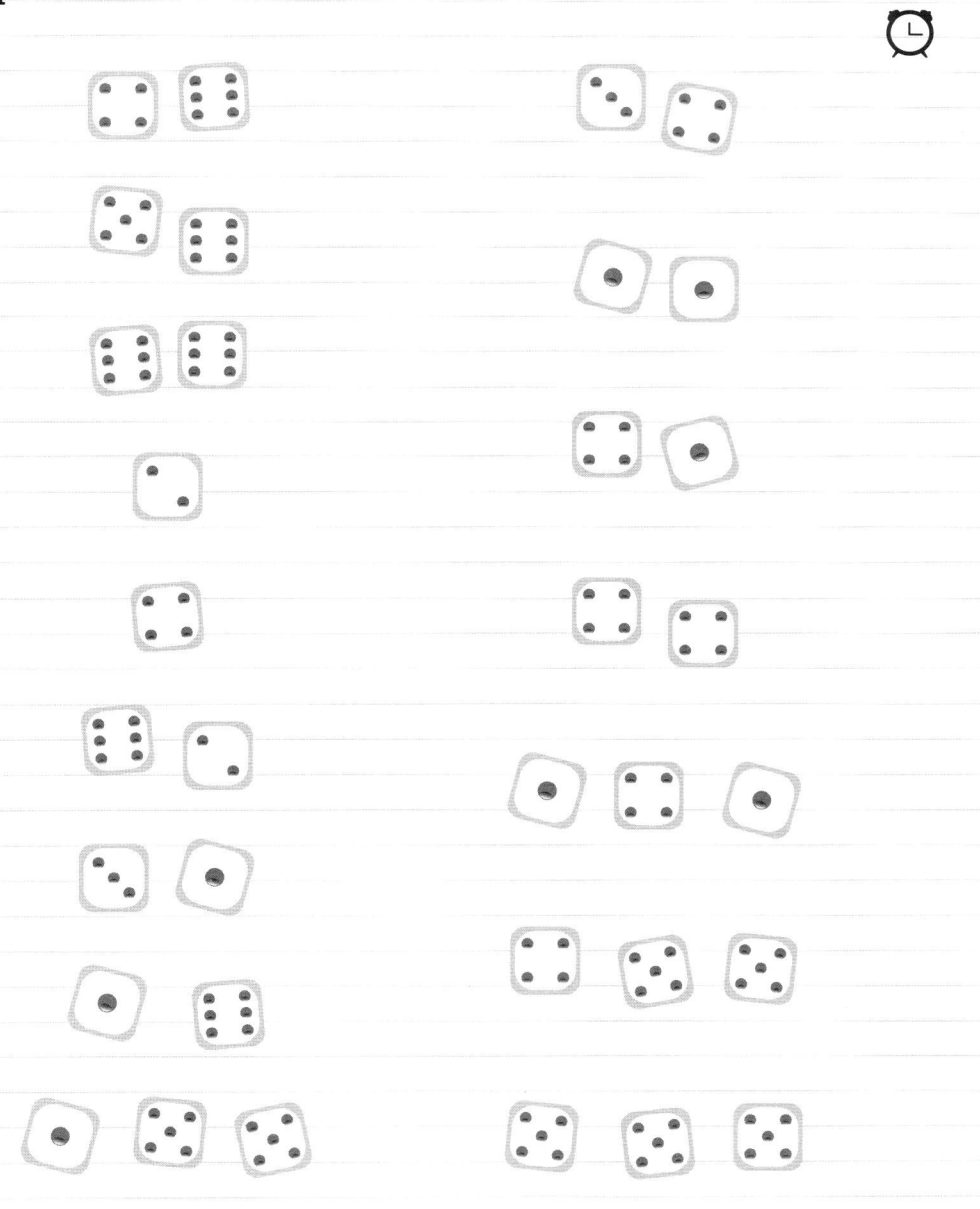

$$\begin{array}{r} 12 \\ +25 \\ \hline \end{array}$$

71. Resolva mentalmente os problemas abaixo. Resolva-os em menos de três minutos.

Se eu cortar três pizzas em quatro partes iguais e distribuí-las entre 8 pessoas, quantos pedaços de pizza sobrarão se todas as 8 comerem um único pedaço?

Se são 8:00h da manhã, quanto tempo falta para começar um novo dia?

Recebo R$ 1.200,00 por mês e, com este dinheiro, preciso pagar um aluguel de R$ 700,00. Quanto dinheiro tenho para passar o mês?

Se eu gastei os seguintes valores: R$ 55,00, R$ 11,00, R$ 14,00, e R$ 18,00 quanto gastei no total?
Quanto vai sobrar se eu tiver levado uma nota de R$ 100,00?

72. Combine os números das placas de carro abaixo, de modo que o resultado seja sempre 1. Você pode utilizar qualquer operação. Veja o exemplo.

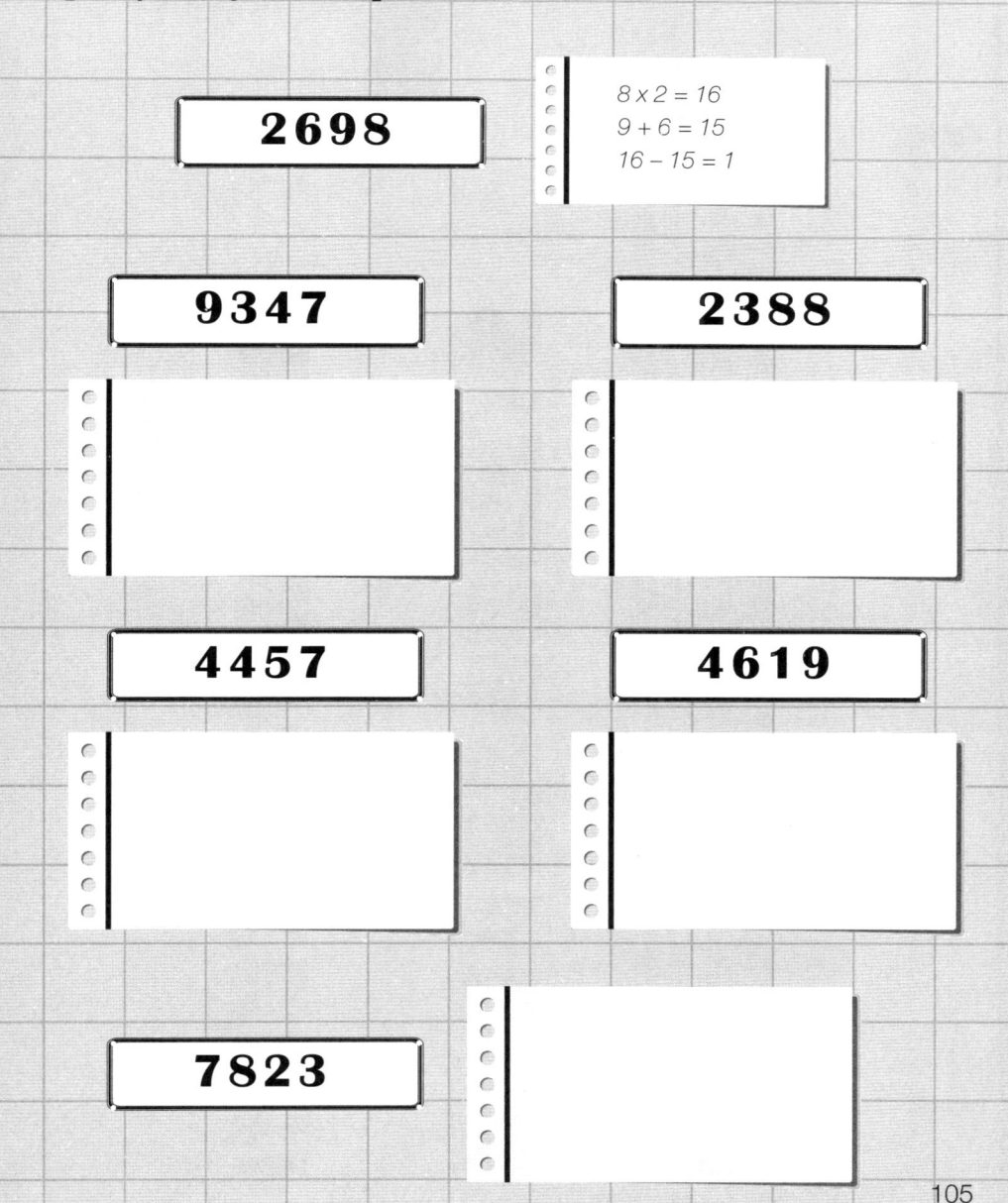

2698

$8 \times 2 = 16$
$9 + 6 = 15$
$16 - 15 = 1$

9347

2388

4457

4619

7823

$$\frac{\begin{array}{r}12\\+25\end{array}}{}$$

73. Calcule a altura desta torre, considerando que:

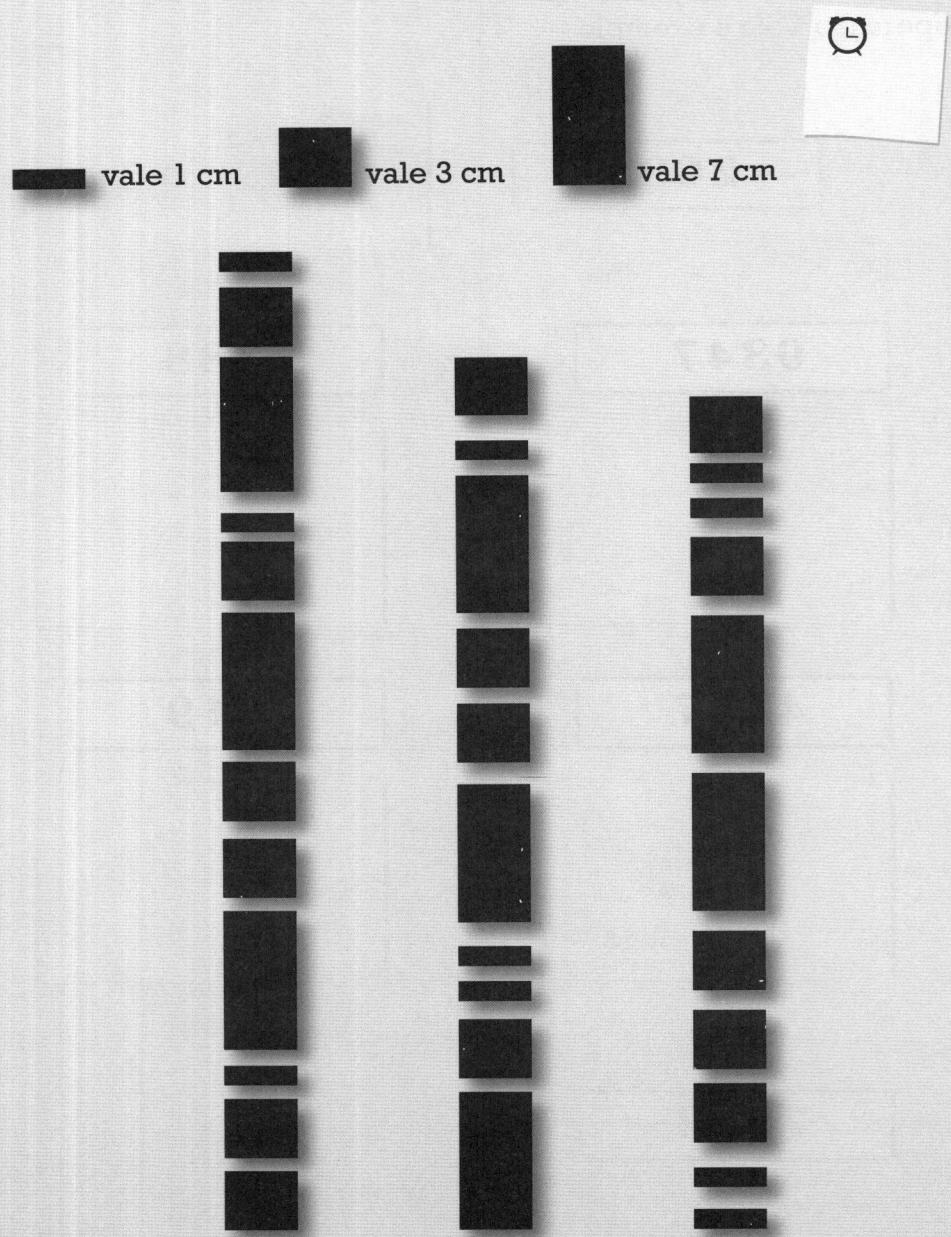

vale 1 cm   vale 3 cm   vale 7 cm

74. Calcule a área dessas piscinas no menor tempo possível.
Lembrando que a fórmula para calcular a área do retângulo é:

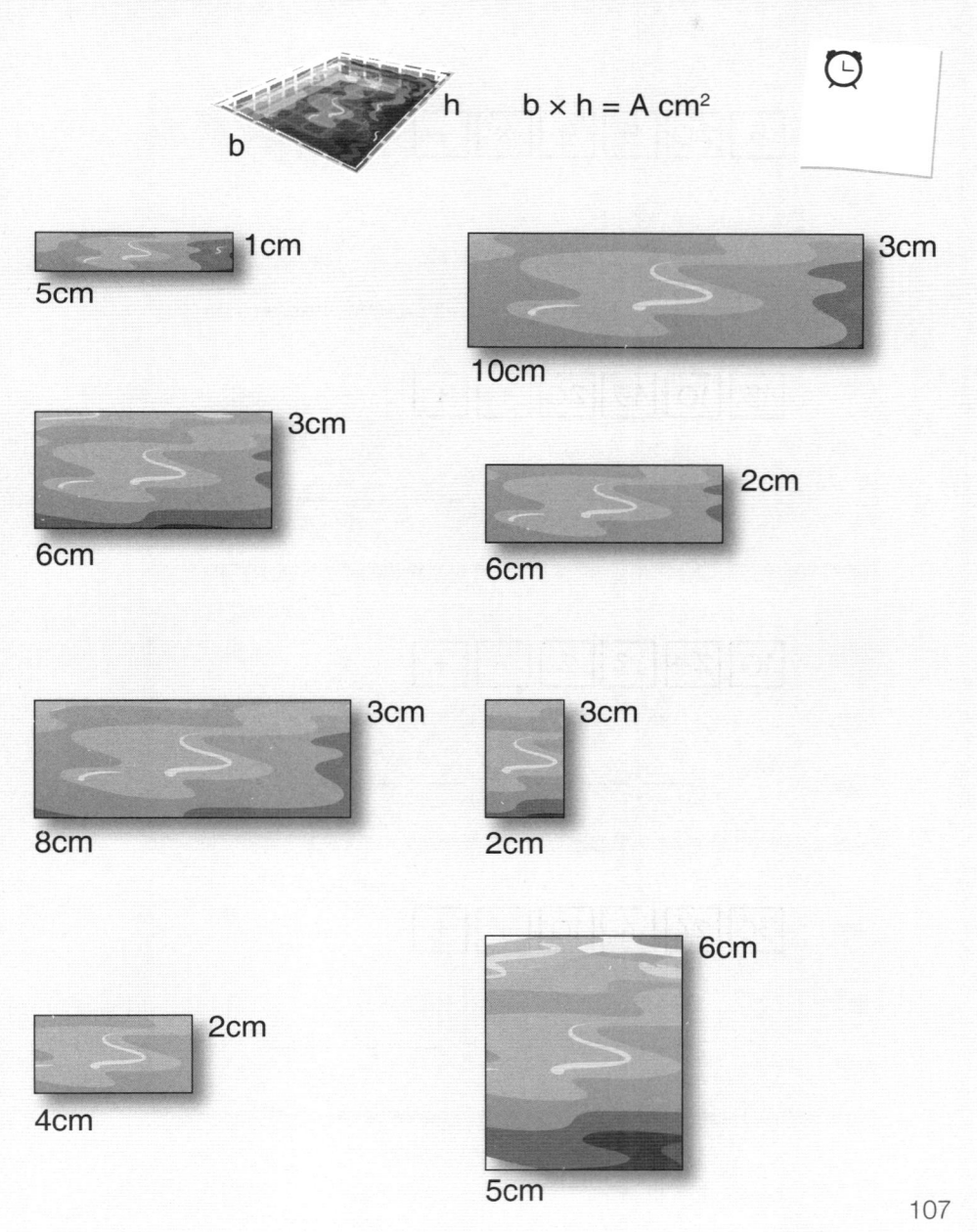

$b \times h = A$ cm²

107

75. Ordene os números e símbolos de cada figura para completar as cinco equações:

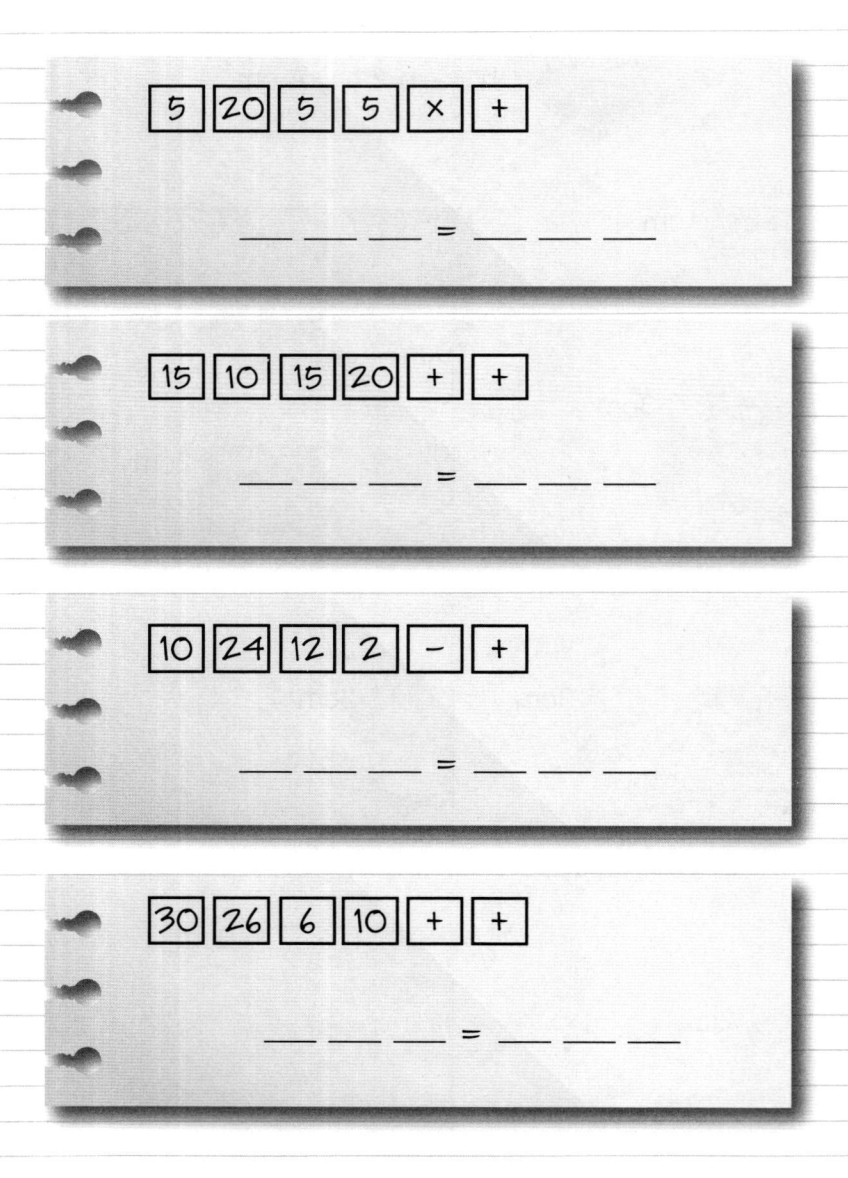

DESAFIOS

Quando você assistir a um filme ou série na televisão, por alguns minutos, tente imaginar a idade dos atores na tela.

Organize os detalhes básicos para uma viagem de três dias. Qual seria o destino? Quem viajaria? Como se deslocariam? O que visitariam? Quanto custaria?

EXERCÍCIOS DE
LÓGICA

76. Risque a palavra que tenha menos relação com as demais.

Por exemplo

ELEFANTE, BAGRE, ~~MARGARIDA~~, CANÁRIO (*Animais*)

MARTELO, TESOURA, SERROTE, PREGO

CARINHOSO, BONDADE, GENTIL, MIMADO

CALÇAS, ÓCULOS, CAMISA, GRAVATA

PERA, UVA, ERVILHA, MAÇÃ

RELÂMPAGO, ÁRVORE, ELEGANTE, CABEÇA

ÔNIBUS, METRÔ, BONDE, CARRO

PUDIM, OMELETE, BOLO, TORTA

ENRRUGADO, MACIO, ILUMINADO, ÁSPERO

77. Estabeleça a correspondência entre as duas colunas, ligando cada um dos alimentos com o tipo/categoria a que pertencem.

BATATAS

CEREJAS

FIGOS

ARROZ

ACELGA

INHAME

TRIGO

ESPINAFRE

ALCACHOFRA

AMORAS

CEVADA

BATATA DOCE

AMEIXA

CENTEIO

COUVE-FLOR

TUBÉRCULOS

FRUTAS

VERDURAS

CEREAIS

113

1- 2-3-4-5

78. Ligue as colunas, relacionando qual objeto na coluna da esquerda contém o da direita.

ENVELOPE	**LÂMINA**
CAPACETE	**TINTA**
LIVRO	**PILHAS**
LÁPIS	**CARTA**
GARRAFA	**GRAFITE**
BOLSA	**PÁGINA**
AZEITONA	**DOCUMENTOS**
CASCO	**ÁGUA**
CALCULADORA	**CABEÇA**
ABACATE	**CAROÇO**
IMPRESSORA	**TARTARUGA**
APONTADOR DE LÁPIS	**SEMENTE**

79. Organize as palavras abaixo em categorias e nomeie o grupo ao qual elas pertencem.

TAMBOR, CLARINETE, GUITARRA, OBOÉ, PRATOS, FLAUTA, BANJO, PANDEIRO, SAXOFONE, PIANO, VIOLINO, CONTRABAIXO

80. Organize hierarquicamente, do menor para o maior, as seguintes séries de palavras:

MÍNIMA, SEMIBREVE, SEMICOLCHEIA, SEMÍNIMA, COLCHEIA

_____

_____

BEBÊ, ADULTO, ADOLESCENTE, AVÔ, JOVEM, CRIANÇA

_____

_____

SEMPRE, NORMALMENTE, ÀS VEZES, NUNCA, COM FREQUÊNCIA, RARAMENTE, QUASE SEMPRE

_____

_____

CASA, ESTADO, PAÍS, BAIRRO, VILA, REGIÃO, CIDADE

_____

_____

81. Ordene as séries de números abaixo, do menor para o maior.

222, 129, 223, 31, 85, 131, 83, 87, 122, 19, 135, 79

578, 370, 590, 39, 591, 34, 60, 322, 66, 76, 345, 45

1333, 780, 677, 751, 1009, 931, 1050, 859, 679, 1222, 1001, 987

8, 730, 40, 24, 1004, 26, 122, 680, 46, 998, 1001, 92

1- 2-3-4-5

82. Identifique o padrão dessas séries e complete-as:

4, 7, 10, 13

82, 79, 76, 73

3, 6, 12, 24

101, 103, 105, 107

96, 48, 24, 12

25, 21, 17, 13

6, 13, 20, 27

83. Andrezinho precisa realizar algumas tarefas. Sua mãe lhe deu uma lista do que ele precisa comprar. Ligue com uma seta qual lugar ele precisa ir para comprar cada coisa.

Sabonete líquido

Clipes

Aspirina

Parafusos

Frutas

Álcool

Papel higiênico

Fechadura

Papel

Fita adesiva

Verduras

Gaze

Fita métrica

Pastas

Lanterna

Curativos

SUPERMERCADO

LOJA DE FERRAGENS

PAPELARIA

FARMÁCIA

1- 2-3-4-5

84. Observe o gráfico a seguir e responda se as afirmações abaixo são verdadeiras ou falsas.

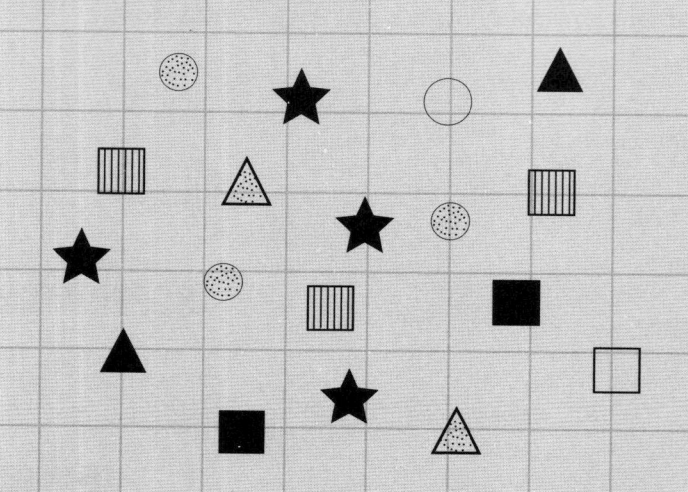

Nem todos os quadrados são rajados

Alguns quadrados não são rajados

Nem todas as estrelas são pretas

Todos os círculos são pontilhados

Todos os triângulos são vermelhos

Alguns triângulos são pontilhados

Todos os quadrados são rajados

Nenhum círculo é rajado

Algumas estrelas não são vermelhas

Alguns quadrados não são pretos

85. Cada sequência de palavras pode se relacionar com um mesmo verbo. Identifique qual é este verbo.

Por exemplo
CAIXA, PORTA, TORNEIRA, CONTA   *ABRIR*

PESO, CHAVES, APETITE, O RUMO

GORJETA, OS PÊSAMES, TRABALHO, ALTA

BOLA, LOTERIA, LIXO, CARTAS

DARDOS, LIVRO, MÃO, MODA

BARULHO, DIFERENÇA, COMIDA, HORA

1-2-3-4-5

86. Cada elemento deve estar contido no seguinte. Identifique qual elemento foge a esta regra.

Por exemplo

UNHA, DEDO, MÃO, ~~PÉ~~, BRAÇO, TRONCO, CORPO

CASA, RUA, CIDADE, ESTADO, CONTINENTE, REGIÃO, PAÍS

LETRA, PALAVRA, FRASE, EPÍLOGO, PARÁGRAFO, PÁGINA, CAPÍTULO, LIVRO

CORDA, VIOLINO, VIOLINISTA, TROMPETISTA, FAMÍLIA DAS CORDAS, ORQUESTRA

CARBURADOR, MOTOR, OFICINA, CAPÔ, CARROCERIA, CARRO, ESTRADA

87. Leia atentamente o enunciado e responda à pergunta.

> Se Manuel tem menos dinheiro
> do que Núbia
> e Karina tem mais dinheiro do
> que Núbia,
> Karina tem mais ou menos
> dinheiro do que Manuel?

88. Qual das opções deve ocupar o 4° quadrado?

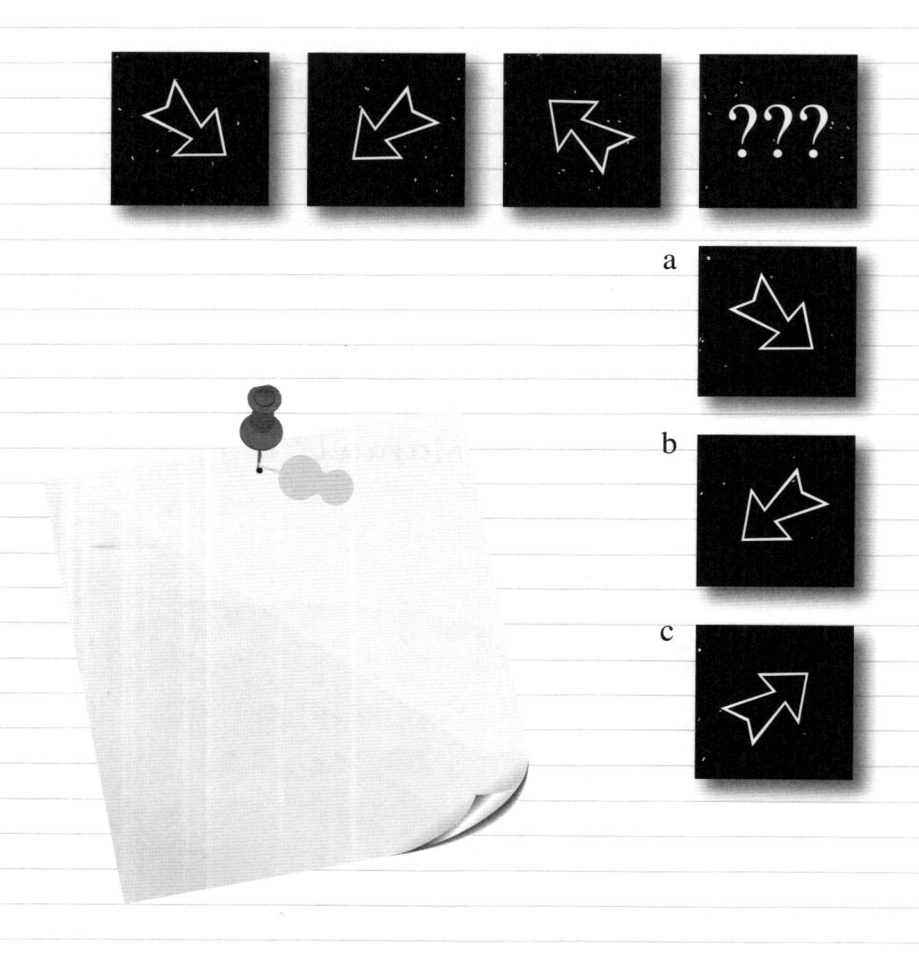

89. Qual das opções deve ocupar o 4° quadrado?

90. Ordene hierarquicamente as figuras abaixo de acordo com sua eficiência energética; comece pelo que você acha que mais polui até chegar ao que menos polui.

91. Entre os objetos abaixo, encontre seis coisas que tenham algo em comum.

RELÓGIO CUCO

VESTIDO

LÁBIOS

CAIXA

CESTA

BATOM

BAÚ

PORTA-JOIAS

BOLA

COMPUTADOR

CAVALO

MALA

CADEIRA

AMEIXA

SACA-ROLHAS

GAVETA

92. Abaixo, temos uma série de expressões ou frases populares relacionadas a animais. Ligue cada uma delas com a frase que explica seu significado.

Vender gato por lebre.

Algo muito improvável, impossível de acontecer.

Nesse mato tem cachorro.

Enganar alguém oferecendo algo de qualidade inferior ao combinado.

Brigar como cão e gato.

Provocar, importunar alguém de temperamento explosivo ou mau humor.

Filho de peixe, peixinho é.

Situação em que nossa intuição nos leva a desconfiar que há algo estranho, mas não sabemos o quê.

Matando cachorro a grito.

Estar distraído, pensativo, alheio ao seu redor.

Nem que a vaca tussa.

Numa situação perigosa, melhor se prevenir.

Cutucar a onça com vara curta.

Duas pessoas que não podem ficar juntas porque não param de brigar.

Pensar na morte da bezerra.

Parecer-se com os pais em aparência, comportamento ou personalidade.

Cada macaco no seu galho.

Melhor não se intrometer onde não é chamado.

Em rio que tem piranha, jacaré nada de costas.

Passar por um momento de grande dificuldade, de desespero.

93. Qual é o código ou padrão presente nesta série?

ADÉLIA 👍

HENRIQUE 👍

ARTUR 👎

AMÁLIA 👍

MIGUEL 👎

OLAVO 👍

BEATRIZ 👎

MATEUS 👎

1-2-3-4-5

94. Um senhor mora no 12° andar de um prédio. Sempre que ele sobe de elevador, ele desce no 8° andar e termina de subir pelas escadas. Por outro lado, quando ele desce de elevador, ele desce direto do 12° andar para o térreo. O curioso é que, quando chove, ele sobe direto para o 12° andar. Por que você acha que ele tem esse comportamento estranho?

95. Quatro amigos marcaram de ir ao cinema:

Carlos chegou imediatamente depois que Berta, e Dario chegou entre Antônio e Carlos.

Você sabe dizer qual foi a ordem de chegada?

1.º

2.º

3.º

4.º

96. Faça a correspondência entre a coluna de substantivos e a coluna de adjetivos.

Noite	Errada
Cabelo	Quente
Estrada	Agasalhado
Café	Difícil
Suéter	Estrelada
Problema	Divertido
Professor	Veloz
Jogo	Desconfortável
Letra	Cacheado
Carro	Arborizada
Direção	Exigente
Posição	Cursiva

97. Observe a imagem a seguir e responda, na próxima página, se as afirmações são verdadeiras ou falsas.

CACHORRO PEQUENO: PODE SER BRANCO OU VERMELHO

GATO GRANDE: LISTRADO OU BRANCO

GATO PEQUENO: BRANCO, PRETO E VERMELHO

	VERDADEIRO	FALSO
Todos os gatos grandes são listrados		
Nenhum gato e nenhum cachorro pequeno é listrado		
Nem todos os cachorros grandes são vermelhos		
Nenhum cachorro grande é preto		
Nenhum gato é preto		
Alguns gatos e cachorros pequenos são pretos		
Nenhum gato ou cachorro pequeno é listrado		
Todos os gatos pequenos são pretos ou vermelhos		
Algum gato pequeno não é listrado		
Alguns cachorros são brancos		

98. O que os seguintes profissionais têm em comum no que se refere à sua vestimenta?

BOMBEIRO

SOLDADO

POLICIAL

JARDINEIRO

JÓQUEI

ALPINISTA

PESCADOR DE RIO OU ALTO MAR

1- 2 -3 -4 -5

99. Complete as expressões abaixo com pelo menos 2 ou 3 finais diferentes. Se você não se lembrar de nenhuma expressão conhecida, tente criar uma nova.

Forte como:

Rápido como:

Mais devagar que:

Mais fácil que:

100. Complete as seguintes frases relacionadas aos graus de parentesco:

O _____ da minha esposa é meu sogro.

A _____ do meu marido é minha cunhada.

A _____ do meu pai é minha avó.

O pai do meu _____ é meu bisavô.

A _____ do meu pai é minha tia.

A esposa do irmão do meu _____ é minha tia-afim.

A _____ do meu irmão é minha sobrinha.

O irmão da filha da minha irmã é meu _____.

O marido da minha _____ é meu genro.

EXERCÍCIOS DE LINGUAGEM E COMPREENSÃO DE TEXTO

A B C D E

A B C D E

101. Leia atentamente o texto a seguir.

Adriana tem 23 anos e cursa o 4° ano de Medicina Veterinária na universidade. Todos os dias ela acorda às 7h30. Toma um banho rápido, se veste e, enquanto come uma maçã, prepara o café da manhã – cereais, torradas e café com leite – para seu irmão Camilo, de 14 anos. Às 8h30, ela sai de casa e pega o metrô. São três estações até chegar a Renfe, onde ela pega o trem das 9h05. Geralmente, ela encontra seus colegas Boris e Claudia no trem. Eva também se senta com eles, mas ela estuda Economia. Adriana tem aulas a manhã toda, até às 14h. então, ela vai à cantina da universidade, onde come uma refeição por R$ 8,20 que inclui pão, sobremesa e uma bebida. Depois, ela encontra sua amiga Eva para tomar um café e vai estudar na biblioteca.

Agora, sem olhar o texto, responda às perguntas abaixo:

Que horas Adriana se levanta para ir para a faculdade?

O que ela estuda?

Que horas ela pega o trem para a universidade?

Como se chama o irmão de Adriana?

O que Adriana prepara para o seu irmão no café da manhã?

Quantas paradas de metrô são necessárias para chegar à estação Renfe?

Quanto custa a refeição na cantina da universidade?

O café está incluído na refeição?

102. Escreva 20 palavras que comecem com SA. Escreva 20 palavras que terminem em MA.

SA	MA
1.	1.
2.	2.
3.	3.
4.	4.
5.	5.
6.	6.
7.	7.
8.	8.
9.	9.
10.	10.
11.	11.
12.	12.
13.	13.
14.	14.
15.	15.
16.	16.
17.	17.
18.	18.
19.	19.
20.	20.

103. Escreva uma lista de verbos seguindo a ordem do alfabeto, de modo que o primeiro verbo comece com A e o último com Z.

A.   N.

B.   O.

C.   P.

D.   Q.

E.   R.

F.   S.

G.   T.

H.   U.

I.   V.

J.   W.

L.   X.

M.   Z.

104. Escreva o antônimo (palavra oposta, com sentido contrário) das seguintes palavras:

Pessimista

Rápido

Ágil

Sujo

Branco

Simpático

Sociável

Preguiçoso

Exato

Brilhante

Líquido

Áspero

Óbvio

Comprido

Afiado

Fino

Radical

Submisso

Agressivo

Decidido

105. Leia o texto abaixo e sublinhe as palavras oxítonas (quando a sílaba tônica recai na última sílaba).

O colégio está localizado em uma área pobre do bairro de Santiago, na zona norte da cidade. Havia vários seguranças na entrada principal, ao lado de algumas escadarias que estavam sempre cheias de alunos conversando e esperando os pais virem buscá-los. Tim estava sentado lendo uma revista e olhando ansioso para o relógio. Maria lhe dissera que chegaria às 12h, já eram 12 e meia e ela não tinha aparecido. O céu estava nublado, muito encoberto, como se fosse chover. Um ônibus comum parou bem na frente da escola e Tim pôde observar Maria andando lentamente em sua direção, com aquelas tranças simpáticas que balançavam de um lado para o outro quando ela andava.

106. Leia cada palavra e, em seguida, repita-a em voz alta, mas invertendo suas sílabas de trás para frente.

Por exemplo: SOLA => LASO

PASSADO, VELA, CASA, CACHORRO, COBERTA, COISA, VASO, AMOR, ÚTIL, MESA, FOGO, MIRA, CADEIRA, PERA, RATO, MANDONA, ALUSÃO, ONTEM, ROGÉRIO, SOLDADO, MOEDA, CROCODILO, JANELA, VELEIRO, MASMORRA, CARROÇA, BAZUCA, CAVALO, ESTRADO, FACHADA

A B C D E

107. Ordene as frases abaixo para que façam sentido.

As estavam murchas flores

_____

O chocolate menino todo o comeu

_____

A arma sua bolsa uma mulher da puxou

_____

O navegava sob a veleiro estrelas das luz

_____

O dinheiro levou todo o banco do ladrão

_____

A alta muito música estava

_____

A molhada estava roupa totalmente

_____

A isolou a crime cena do polícia

_____

Namorada cartas sua várias ele para escreveu

_____

Estudando a inteira passou noite

_____

O muito atrasado ônibus chegou

_____

No parque eles passear foram

_____

108. Abaixo temos uma lista de palavras. Leia uma por uma e, sem olhar para elas, soletre-as:

CACHORRO, CORDA, LAGOA, EXTRA, CABELO, COR, FOLHA, TERMO, DURO, PAPEL, BABÁ, LEITE, BOLO, DADO, JUÍZO, PREGUIÇA, MADEIRA, ESTILO, OBESO, TESOURA, OCASO, VINAGRE, AÇÚCAR, CAVALO, MAÇÃ, MELANCIA, ANTENA, DINAMARCA, AZEITONA, PREGUIÇOSO

109. Ligue as sílabas nas colunas da esquerda e da direita para obter o nome de um animal.

SA	XE	....
CO	CA	....
FO	TO	*FOCA*
PEI	LO	....
MOS	BRA	....
GA	SO	....
VA	CE	....
TOU	PO	....
ZE	BRA	....
LO	TO	....
GA	TO	....
GAN	CA	....
LIN	RO	....
RA	TU	....
TA	BO	....
PA	BRA	....
CA	CA	....

110. Leia o texto a seguir substituindo todas as vogais pela vogal A.

O acidente ocorreu às 20h00 de uma sexta-feira à noite. A rua estava molhada e, como de costume àquela hora, havia um grande engarrafamento na saída de Barcelona. Eu estava dirigindo de volta para casa. Eu havia tido um dia terrível no trabalho. Minha chefe estava insuportável, não sei por que, mas ultimamente ela andava muito tensa e sempre muito rude comigo. No rádio, estava tocando um *blues*. Eu acompanhava o ritmo batucando os dedos no volante. Isso me ajudava a passar o tempo. Não havia nada mais insuportável para mim do que ficar preso na estrada. As sirenes das ambulâncias se aproximavam. Várias viaturas da polícia estavam estacionadas no meio-fio.

111. Em cada uma das frases abaixo há um rio escondido. Leia as frases com atenção e tente encontrá-lo.

Os nomes dos filhos de Rita são Francisco, Helena e Marcos.

Embora nascida e criada em uma cidade grande, Valéria ama zonas rurais.

Ela passou o dia respondendo centenas de mensagens dos fãs.

Na aula de física, o professor ensinou o que é ordem de grandeza.

Para sinalizar o buraco, há um grande cone grosso e pesado no meio da estrada.

O caxinguelê, espécie nativa do Brasil, é um roedor muito ágil.

Ela cuidava com esmero da prataria que herdou da avó.

Me vesti e terminei de arrumar o quarto.

Osvaldo fez uma declaração de amor para Nair.

Comporte-se ou eu vou te dar um tapa, Josué!

112. Abaixo temos uma lista de palavras. Leia uma por uma e, sem olhar, primeiro soletre normalmente e, depois, de trás para frente.

LUZ, SER, ANA, DAS, FÃ, HOJE, PÃO, NÃO, DOIS,

FLAN, MÊS, GEL, SOL, CEM, CÓS, TÃO, JÁ, DOU,

DEUS, EM, LATA, SOFÁ, MESA, PAREDE, AZUL,

NOTA, BAIXO, RITMO, NATA, SEDA, CAFÉ,

ADEUS, CERA, SUAVE, CHORO, MELÃO, BANHO,

CAMA, PILHA, MOLA

A B C D E

113. Invente uma história com as palavras abaixo.

Por exemplo, COMBUSTÍVEL, CALOR, VERMELHO.
Era um dia de verão e fazia muito calor. Eu estava dirigindo meu conversível vermelho quando fiquei sem gasolina.

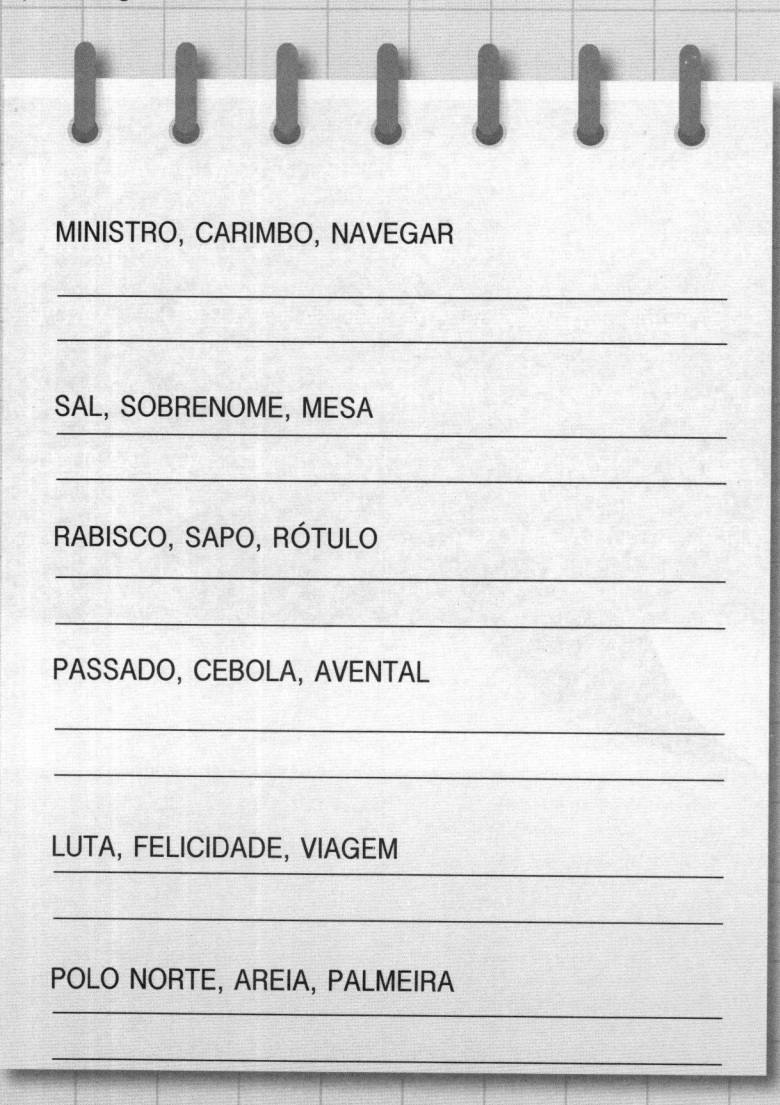

MINISTRO, CARIMBO, NAVEGAR

_____

_____

SAL, SOBRENOME, MESA

_____

RABISCO, SAPO, RÓTULO

_____

_____

PASSADO, CEBOLA, AVENTAL

_____

_____

LUTA, FELICIDADE, VIAGEM

_____

_____

POLO NORTE, AREIA, PALMEIRA

_____

_____

114. As imagens abaixo contêm nomes de pessoas com cinco letras, mas as letras estão fora de ordem. Descubra quais são os nomes reorganizando as letras.

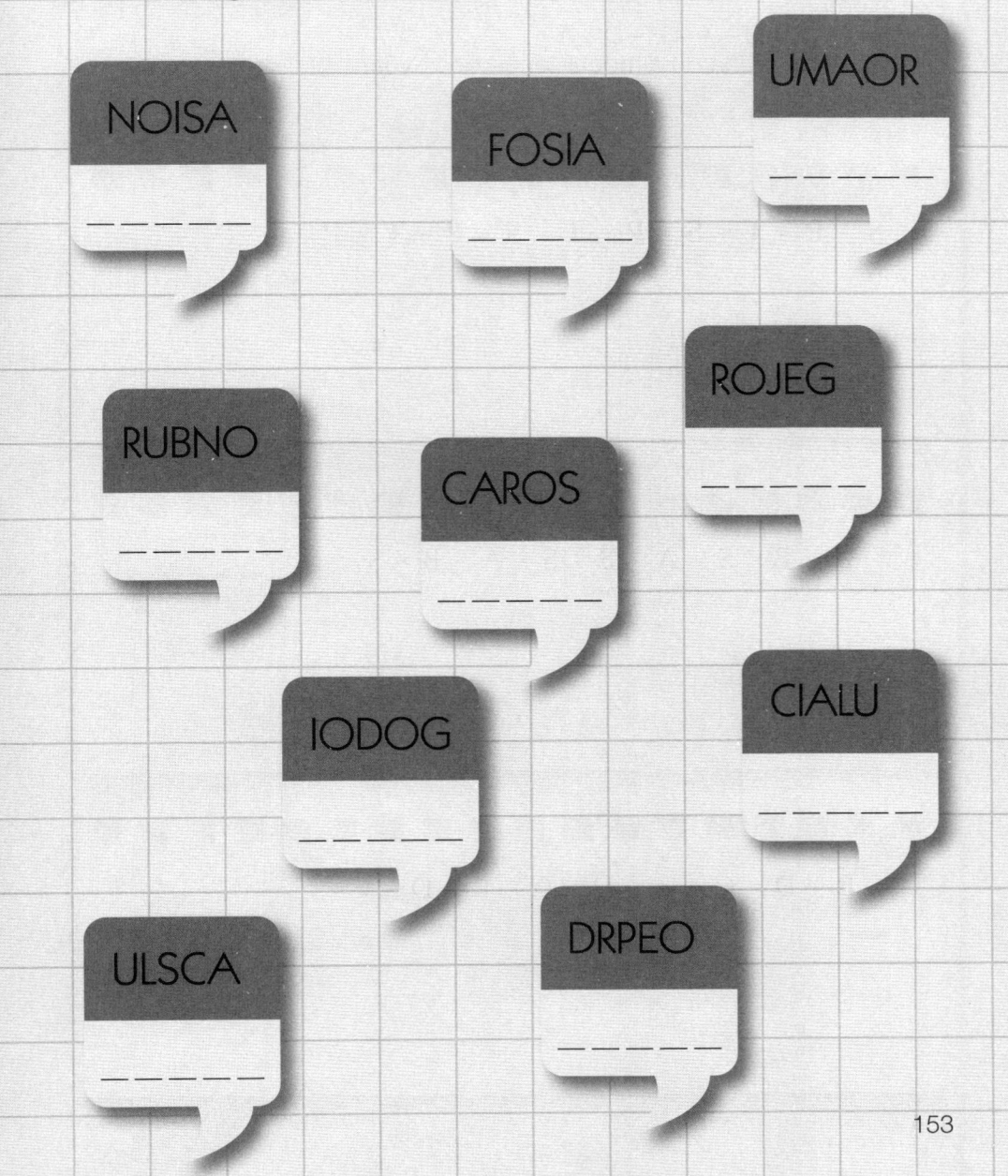

ABCDE

115. Escreva uma frase de modo que cada palavra comece com as seguintes letras:

Por exemplo:
L – D – A – L – D – A – L – D – A
Luís disse a Lorena de almoçar longe dos avós.

S - P - T - S - P - T - S - P - T - P

A - B - S - A - B - S - A - B - S

B - D - C - B - D - C - B - D - C

116. Transforme cada uma das palavras abaixo em uma palavra diferente usando as mesmas letras.

Por exemplo: AMOR = ROMA

CASA _ _ _ _

LOUCO _ _ _ _ _

RATO _ _ _ _

CAVA _ _ _ _

SOPA _ _ _ _

BARCA _ _ _ _ _

ESPONJA _ _ _ _ _ _ _

ROSTO _ _ _ _ _

ZERO _ _ _ _

PODER _ _ _ _ _

FAZER _ _ _ _ _

TOGA _ _ _ _

117. Leia atentamente os seguintes anúncios na seção de empregos do jornal. Depois, responda às perguntas abaixo sem olhar o texto.

Laboratório internacional localizado em São Paulo **precisa contratar uma pessoa para desempenhar tarefas comerciais para produtos de nutrição, farmácia e**

Região da Barra Funda, Santa Cecília, Consolação e Bom Retiro.

Idade máxima 60 anos. Não é necessário experiência, treinamento fornecido pela empresa

Loja de roupa procura vendedora para trabalhar na zona sul de Florianópolis.

Experiência mínima de 5 anos.

Valoriza-se o conhecimento de idiomas, especialmente inglês e alemão.

Complexo hoteleiro busca contador. Experiência mínima de 3 anos.

Domínio dos programas de contabilidade EXX-2, EXX-3 e pacote Office. Horários flexíveis

Procura-se garçon e *barman* experiente para trabalhar em bar à noite e fins de semana

Boa presença

Qual cargo exige conhecimento de idiomas?

Quais idiomas são solicitados?

Qual anúncio define um limite máximo de idade?

Qual vaga não requer experiência?

Qual vaga exige trabalhar nos finais de semana?

Há alguma vaga com horários flexíveis?

Que regiões específicas o representante comercial do laboratório teria que cobrir?

118. Forme 10 palavras diferentes usando as letras das palavras abaixo. Você não precisa usar todas as letras, mas não pode repetir nenhuma delas.

Por exemplo: MALETA

ATÉ, ALETA, MAL, MALA, MATE, META, TELA, TALA, LAMA, TEMA

REALIZADO

SEPARADO

SALAMANDRA

ALEATÓRIO

119. Leia atentamente o anúncio de jornal abaixo. Em seguida, escreva as palavras que faltam no texto.

PERDI um cachorro setter irlandês macho, de 14 anos, na área da Barra da Tijuca. É de cor marrom e tem uma mancha branca grande na região do pescoço. Responde pelo nome de Poli, mas, por ser tão velhinho, ele quase não ouve e mal consegue enxergar. Ele é muito carinhoso (vai com qualquer um!). Tem uma coleira vermelha com uma placa de identificação. Se você o encontrar, por favor, pode oferecer a ele algo para comer e você verá que ele entra no carro com facilidade. Na placa, você encontrará meu telefone de contato. **955.23.24.25. José Luis**

PERDI um cachorro setter
_____ macho, de 14 anos,
na área da Barra da Tijuca. É de
cor marrom e tem uma mancha
_____ grande na região do
_____. Responde pelo nome de
Poli, mas, por ser tão _____,
ele quase não ouve e mal consegue
_____. Ele é muito carinhoso
(vai com _____!). Tem uma
coleira _____ com uma placa
de identificação. Se você o encontrar,
por favor, pode oferecer a ele algo para
_____ e você verá que ele
entra no _____ com facilidade.
Na placa, você encontrará meu
_____ de contato.
955.23.24.25. José Luis

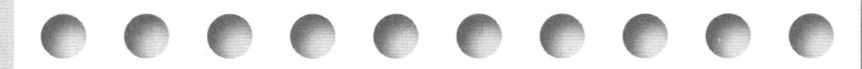

120. Leia o trecho a seguir. Complete as palavras que faltam ordenando as letras nas lacunas.

Apesar do surgimento de um novo PETICOMDOR no mercado, a empresa continuou a crescer em DASNVE durante o ano de 2013. Isto se deve, em parte, aos esforços para tentar combater essa ÇAAAME, mas também a uma estratégia de crescimento ADAPOIA em diversas medidas VECHA que foram levadas à CAOB durante o ano. Uma das mais importantes foi o lançamento do novo TOPRODU, "DM-Doce Memória", uma bebida refrescante elaborada com produtos naturais, com baixas RIASLOCA e com ITAMINASV B1 e B12 que estimulam e reforçam a ÓRIAMEM e as habilidades cognitivas. O lançamento do produto ocorreu nos dias 14 e 15 de maio, com uma ótima recepção e uma repercussão IMTANTEPOR nos IOSME de comunicação.

121. Abaixo temos diferentes palavras ou frases. Ao agrupar as sílabas de maneira diferente, você pode alterar seu significado.

Por exemplo:
A frase **Eles sonegam**, também pode ser lida como **Eles só negam**

Acabo solto

_____

Dormente

_____

A porcaria

_____

Parábola

_____

Atravessa

_____

Escapadela

_____

Um sermão

_____

A cordialidade

_____

A B C D E

122. Abaixo, você verá um cartaz que foi colocado no quadro de avisos para organizar a despedida de uma colega de trabalho. Leia-o com atenção e preencha as informações que faltam na página seguinte.

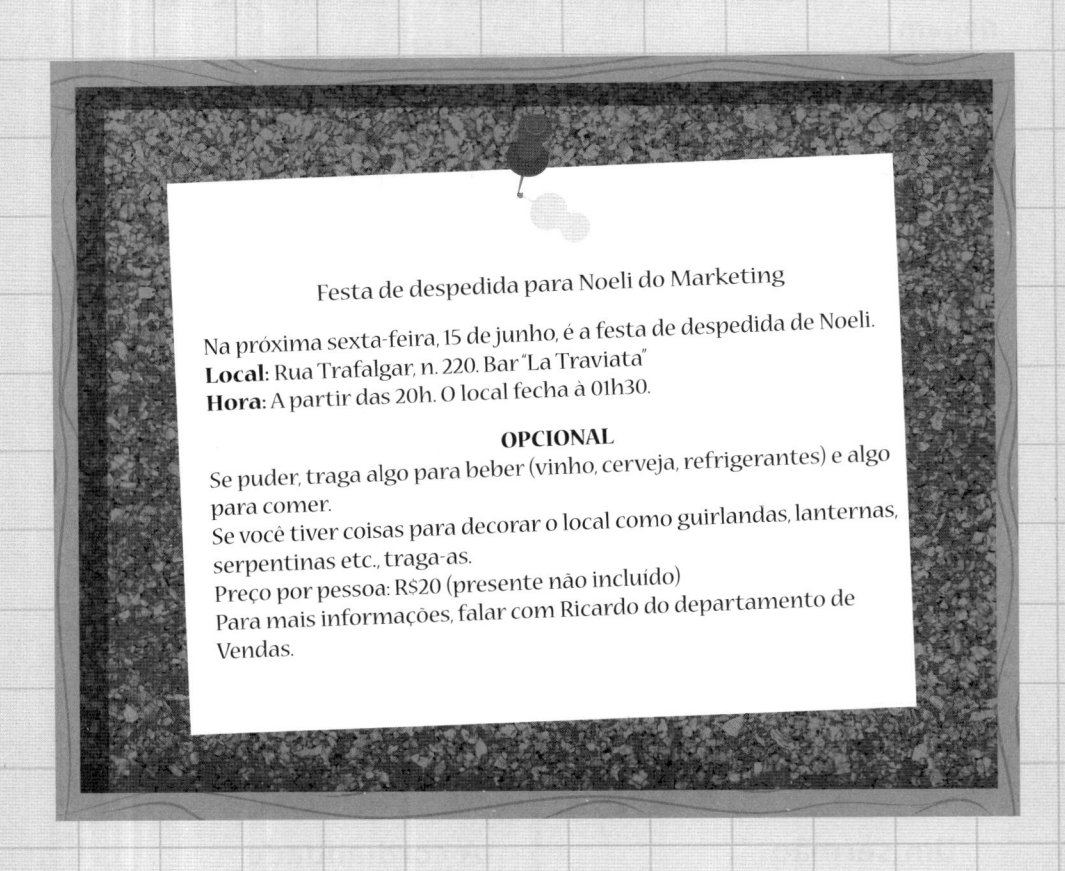

Festa de despedida para Noeli do Marketing

Na próxima sexta-feira, 15 de junho, é a festa de despedida de Noeli.
Local: Rua Trafalgar, n. 220. Bar "La Traviata"
Hora: A partir das 20h. O local fecha à 01h30.

OPCIONAL
Se puder, traga algo para beber (vinho, cerveja, refrigerantes) e algo para comer.
Se você tiver coisas para decorar o local como guirlandas, lanternas, serpentinas etc., traga-as.
Preço por pessoa: R$20 (presente não incluído)
Para mais informações, falar com Ricardo do departamento de Vendas.

Festa de despedida para Noeli do _____

Na próxima _____, 15 de junho, é a festa de despedida de Noeli.

Local: Rua Trafalgar, n. 220. Bar "La _____ "

Hora: A partir das 20h. O local fecha às _____

OPCIONAL

Se puder, traga algo para beber (_____, _____, _____) e algo para comer.

Se você tiver coisas para _____ o local, como guirlandas, _____, serpentinas etc., traga-as.

Preço por pessoa: R$_____ (presente _____).

Para mais informações, falar com _____ do departamento de _____.

123. Escreva seis palavras que comecem com...

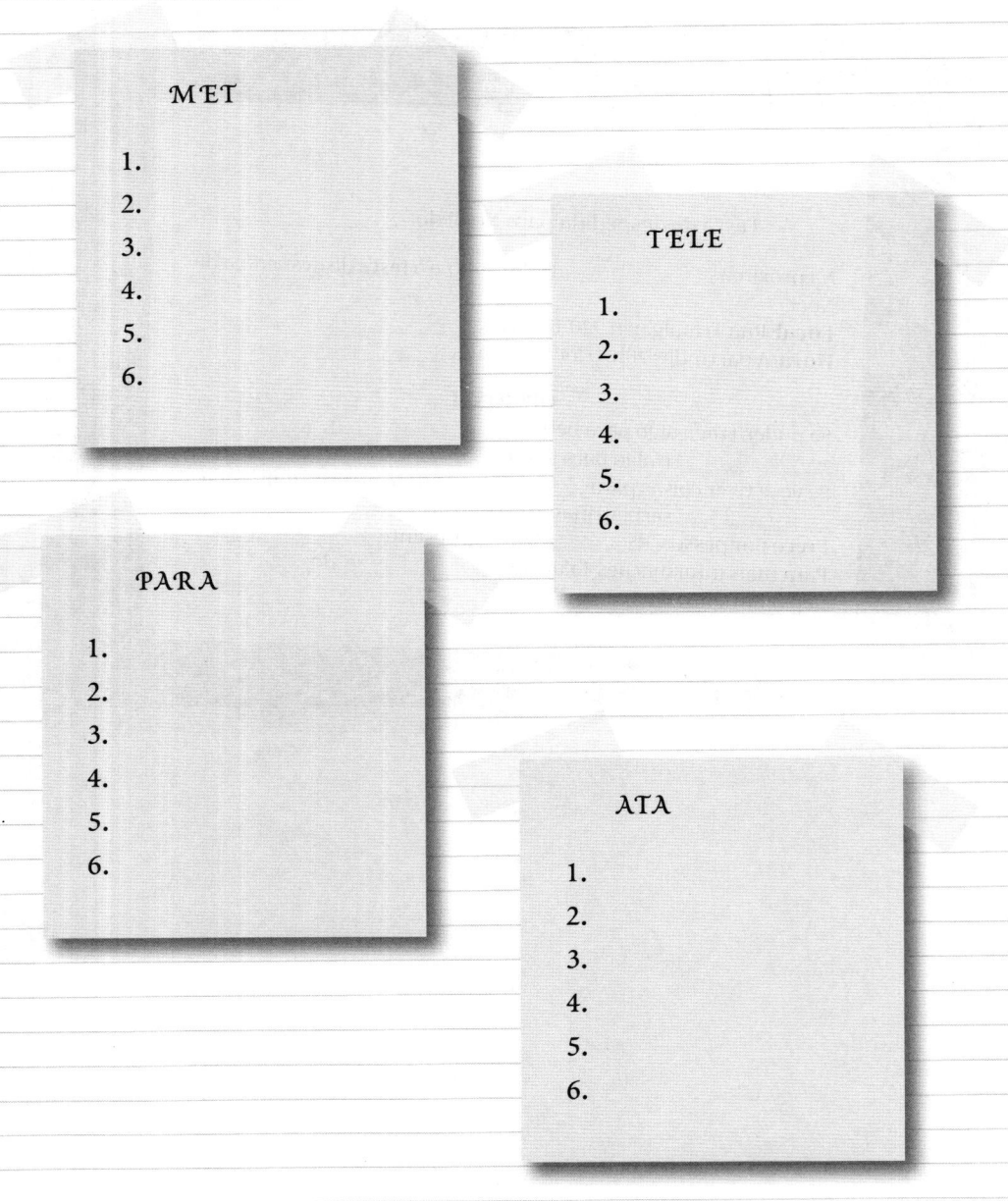

MET

1.
2.
3.
4.
5.
6.

TELE

1.
2.
3.
4.
5.
6.

PARA

1.
2.
3.
4.
5.
6.

ATA

1.
2.
3.
4.
5.
6.

124. Forme palavras adicionando apenas as vogais "a" e "e".

C_M_

S_D_

V_RM_

M_ND_R

S_NT_R

M_CH_

L_NT_RN_

N_D_R

_D_R_Ç_R

M_T_L

125. Escreva 50 palavras encadeadas a partir da palavra COLHEITA, de modo que a última sílaba de cada palavra seja a primeira sílaba da palavra seguinte.

Por exemplo, colheita-tabela...

DESAFIOS

Pense em cinco adjetivos que definem a sua personalidade e o seu jeito de ser. Não faça isso de forma superficial ou brincando, reflita com seriedade.

Da próxima vez que você andar na rua sozinho, conte as pessoas com menos de 40 anos que você cruzar.

EXERCÍCIOS DE
PSICOMOTRICIDADE E PERCEPÇÃO ESPACIAL

126. Desenhe os horários indicados nos relógios. Você deve adicionar cinco minutos a todos eles.

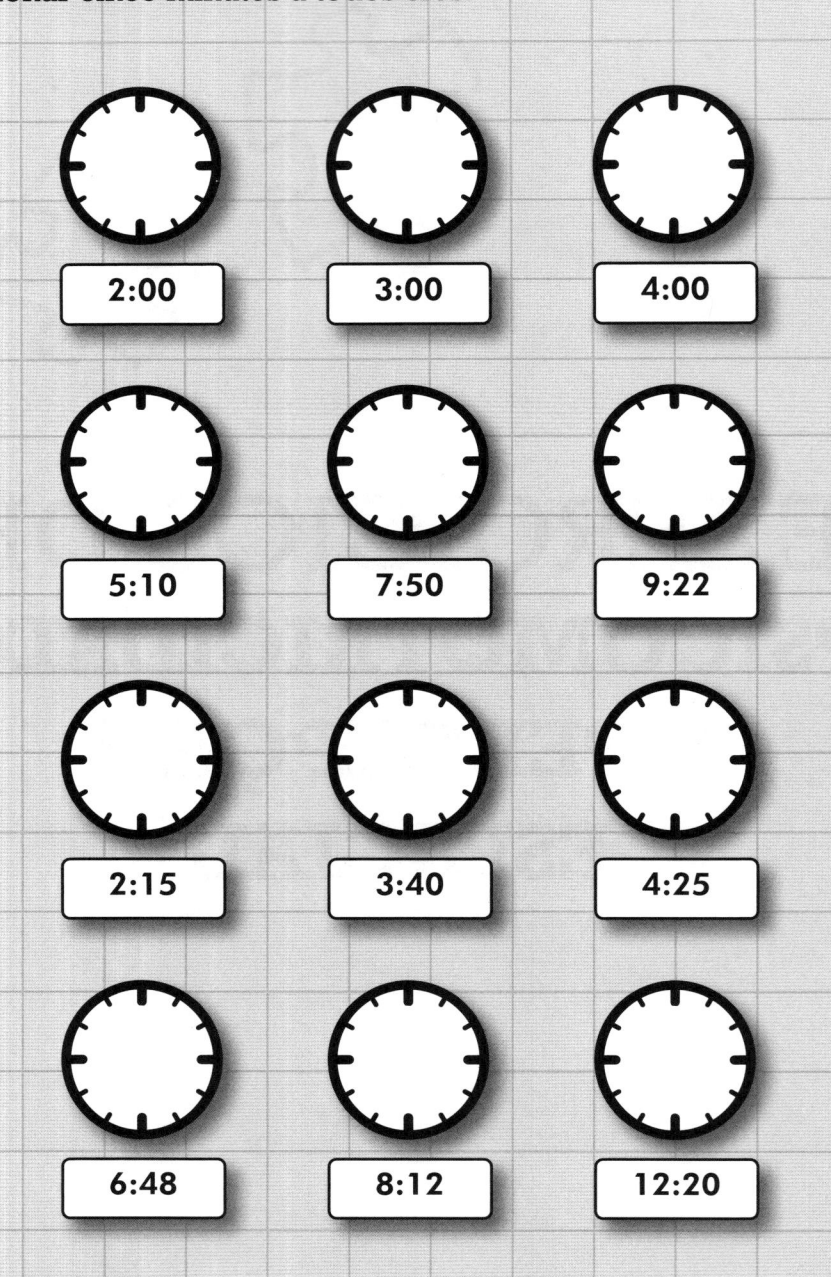

2:00

3:00

4:00

5:10

7:50

9:22

2:15

3:40

4:25

6:48

8:12

12:20

127. Copie de forma simétrica as figuras que apresentamos abaixo.

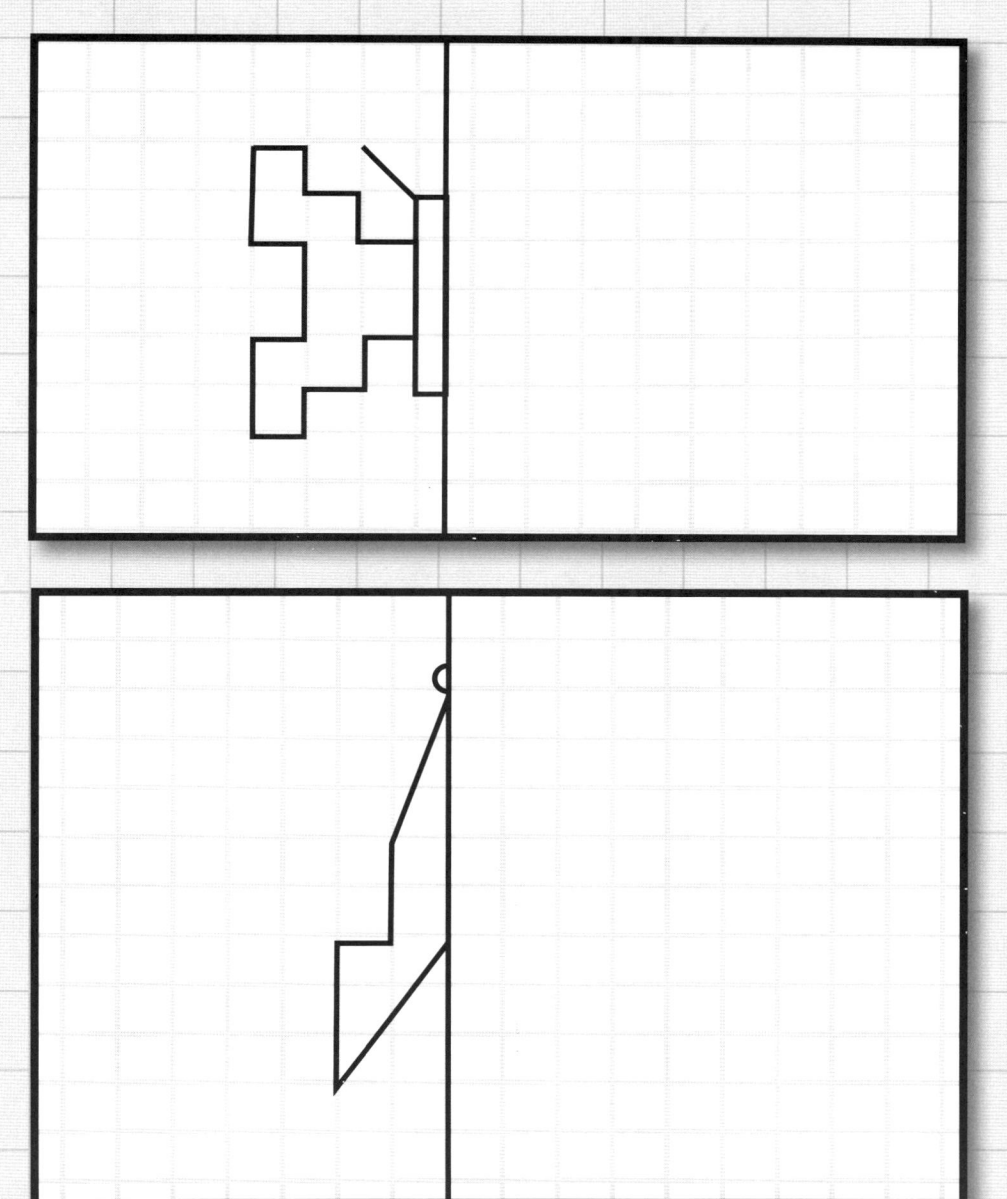

128. Coloque as seguintes sequências de atividades diárias na ordem correta.

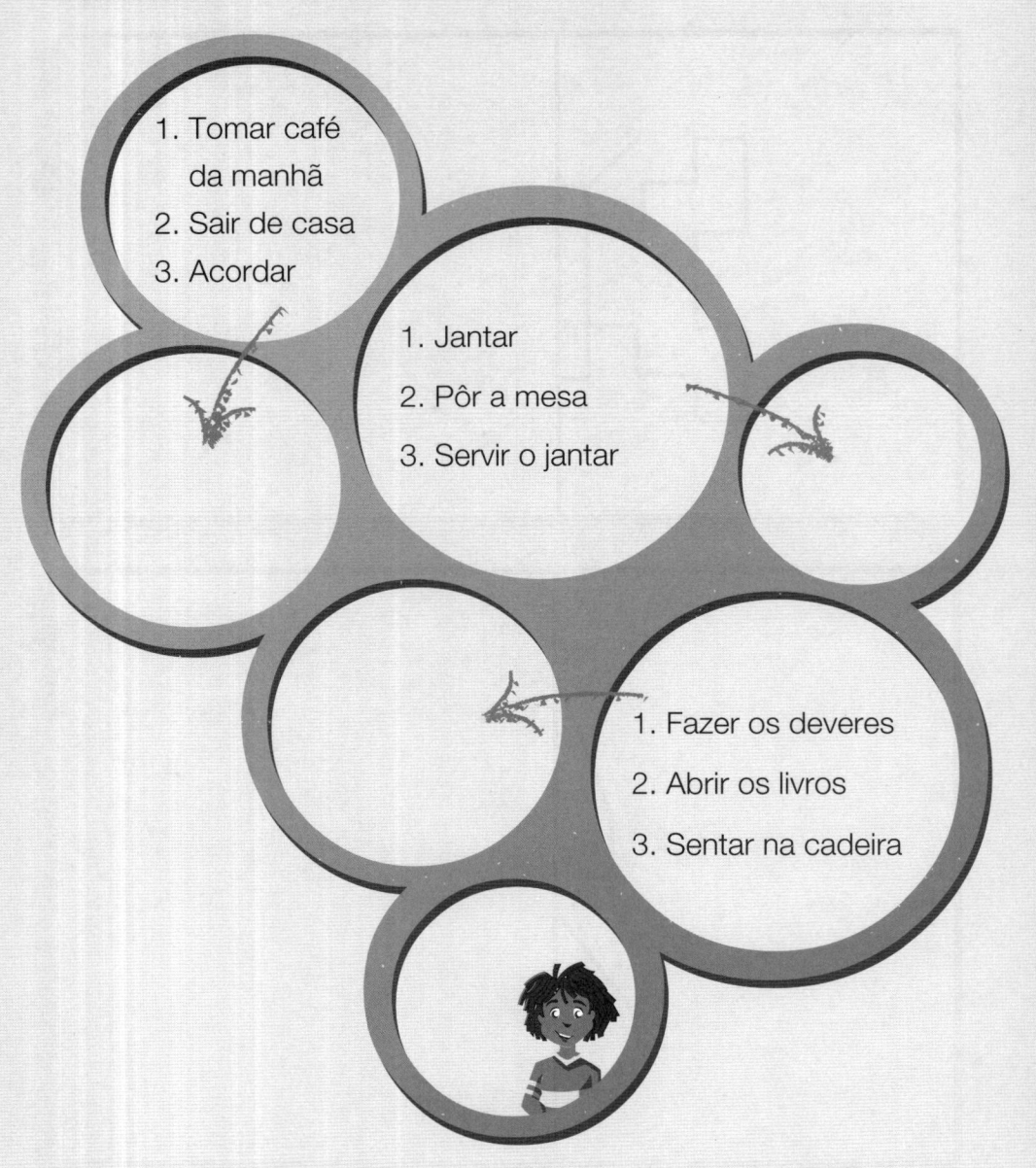

1. Tomar café da manhã
2. Sair de casa
3. Acordar

1. Jantar
2. Pôr a mesa
3. Servir o jantar

1. Fazer os deveres
2. Abrir os livros
3. Sentar na cadeira

129. Copie as imagens à esquerda na grade à direita.

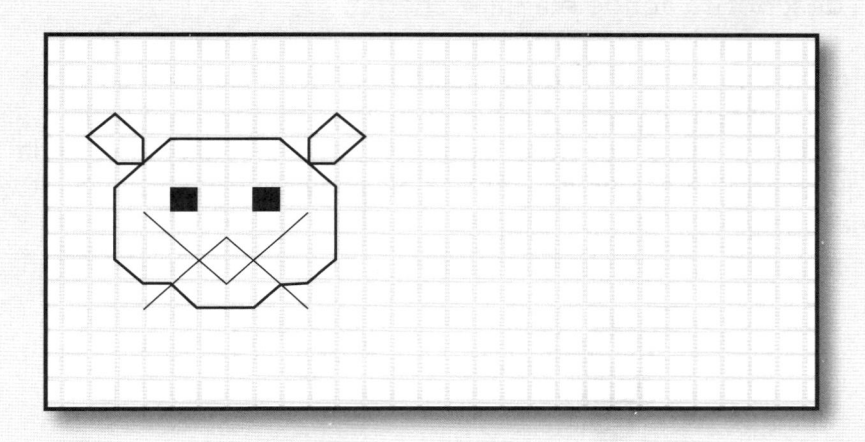

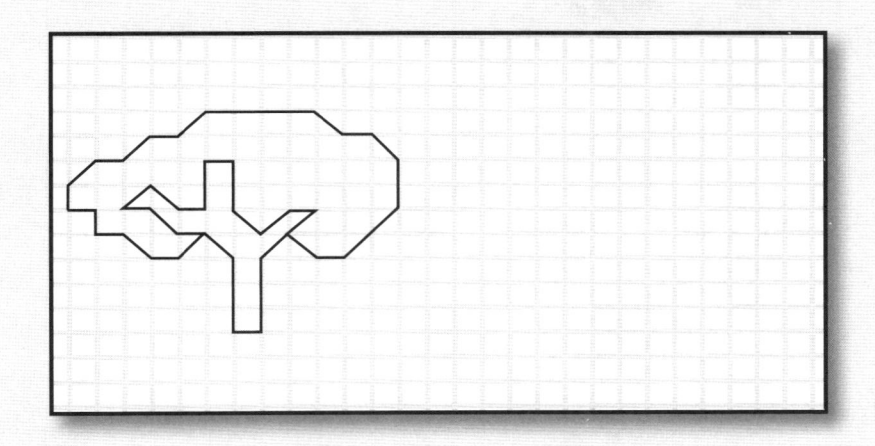

130. Para onde Elisa vai? Damos as instruções dos passos que ela irá seguir. Tenha em mente que eles são do ponto de vista dela, não do observador. Ao colorir os quadrados indicados você descobrirá aonde ela quer chegar.

Elisa deixa a flecha e sobe dois quadrados. Então, ela anda dois quadrados para a esquerda e sobe outro. Em seguida, Elisa anda outro quadrado para a direita. Depois, ela sobe um quadrado e anda três quadrados para a direita. Por fim, ela sobe mais um e chega ao seu destino.

131. Nos desenhos abaixo há várias figuras geométricas.
Colorir apenas os círculos.

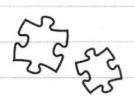

132. Encontre o caminho de Elisa ao sair de casa para fazer um piquenique no bosque. Mas, antes, ela tem que buscar sua amiga Paula.

133. Desenhe a seguinte descrição:

Círculo no centro do quadro. Quadrado à direita, sem tocar o círculo. Triângulo acima do quadrado. Duas setas para cima à esquerda do triângulo e acima do círculo. Abaixo do quadrado e do círculo, encontramos um retângulo. Dentro do quadrado, na metade superior, há outro quadrado menor. Dentro do quadrado tem uma cruz.

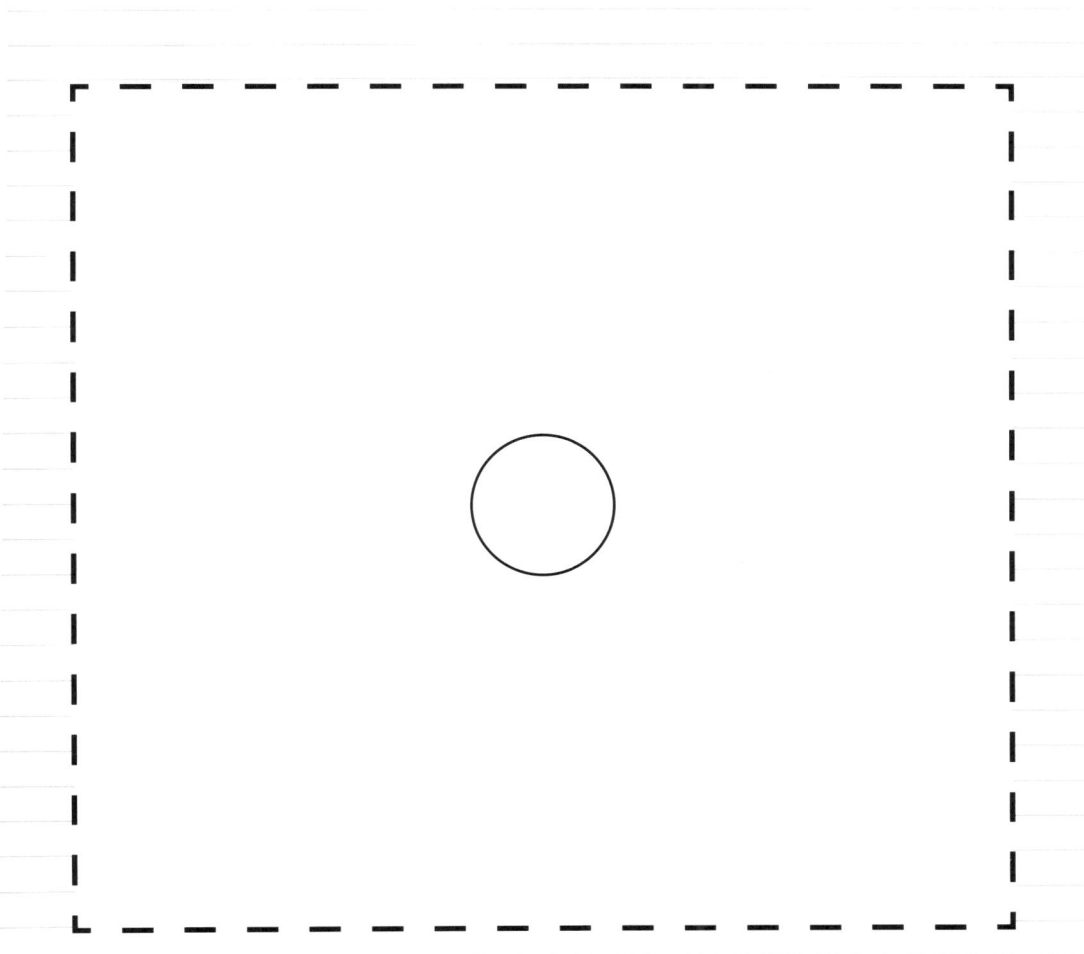

134. Abaixo apresentamos parte do mapa da Espanha e uma lista com a densidade populacional de algumas comunidades autônomas do país. Seguindo a legenda, colorir as comunidades com o padrão correspondente.

Andaluzia:	96,2h/km²
Aragão:	28,2h/km²
Comunidade de Madri:	808,4h/km²
Castela e Leão:	27,2h/km²
Catalunha:	235,0h/km²
Castela-La Mancha:	26,6h/km²
Comunidade Valenciana:	220,0h/km²
La Rioja:	64,0h/km²
Navarra:	61,8h/km²
Região de Murcia:	129,9h/km²

LEGENDA. DENSIDADE: HABITANTES / METRO QUADRADO

Mais de 200h/km²   Entre 90 e 200h/km²   Menos de 90h/km²

135. Escreva a numeração correta para que o quebra-cabeça fique completo.

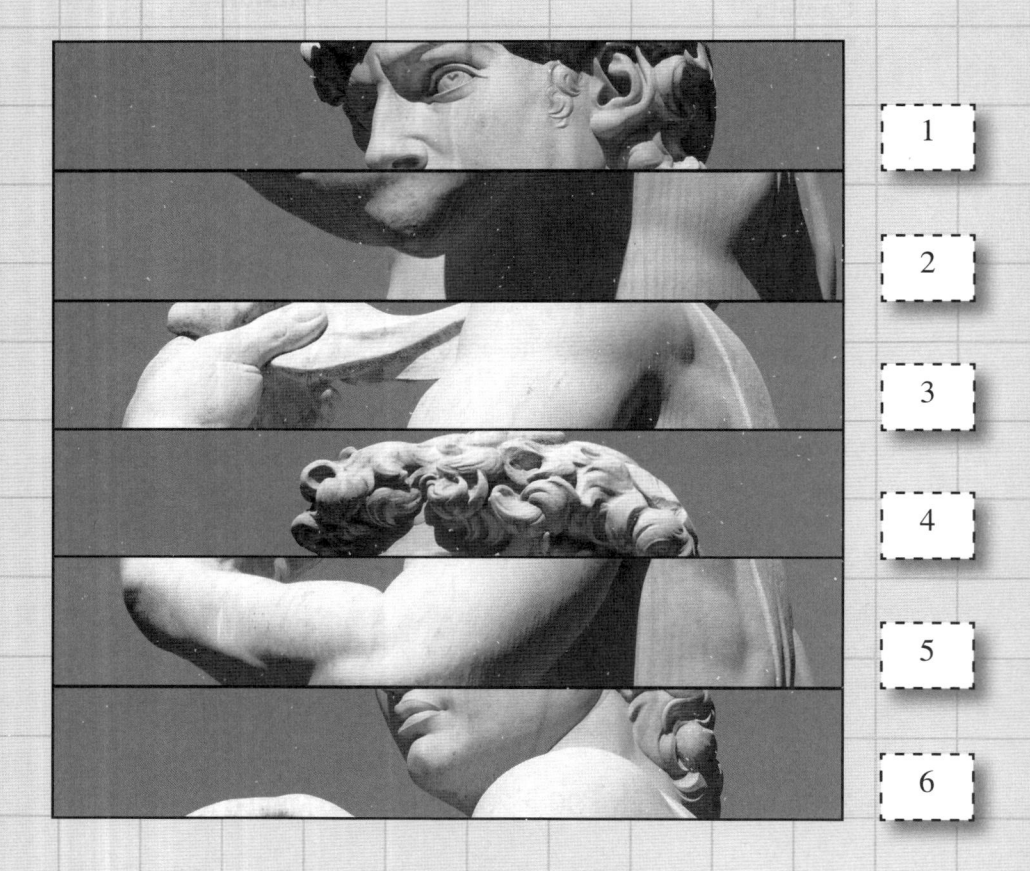

136. Temos três peças que usamos para montar uma das figuras abaixo. Descubra quais das figuras construímos com as peças.

137. Você está no ponto vermelho; siga as instruções para encontrar um amigo. Desenhe o caminho no mapa.

Suba dois quarteirões e vire à direita. Siga em frente três quarteirões, vire à esquerda e vire novamente a primeira à direita. Aí está seu amigo esperando por você!

138. Aqui temos um desenho incompleto. Apenas uma das imagens corresponde ao espaço em branco. Marque a resposta correta. Lembre-se que a imagem pode estar invertida.

139. Colorir os desenhos abaixo usando a técnica do pontilhismo. Mostramos um exemplo.

140. Temos quatro figuras. Com elas podemos fazer muitas formas. Apresentamos três, mas apenas uma delas está correta. Você sabe dizer qual delas é a certa?

141. Se você tiver alguns palitos à mão, pegue-os e reproduza a imagem abaixo. Se quiser, você pode fazê-lo em cima do desenho.

142. Várias figuras geométricas estão sobrepostas. Colorir apenas os espaços onde todas as figuras se juntam.

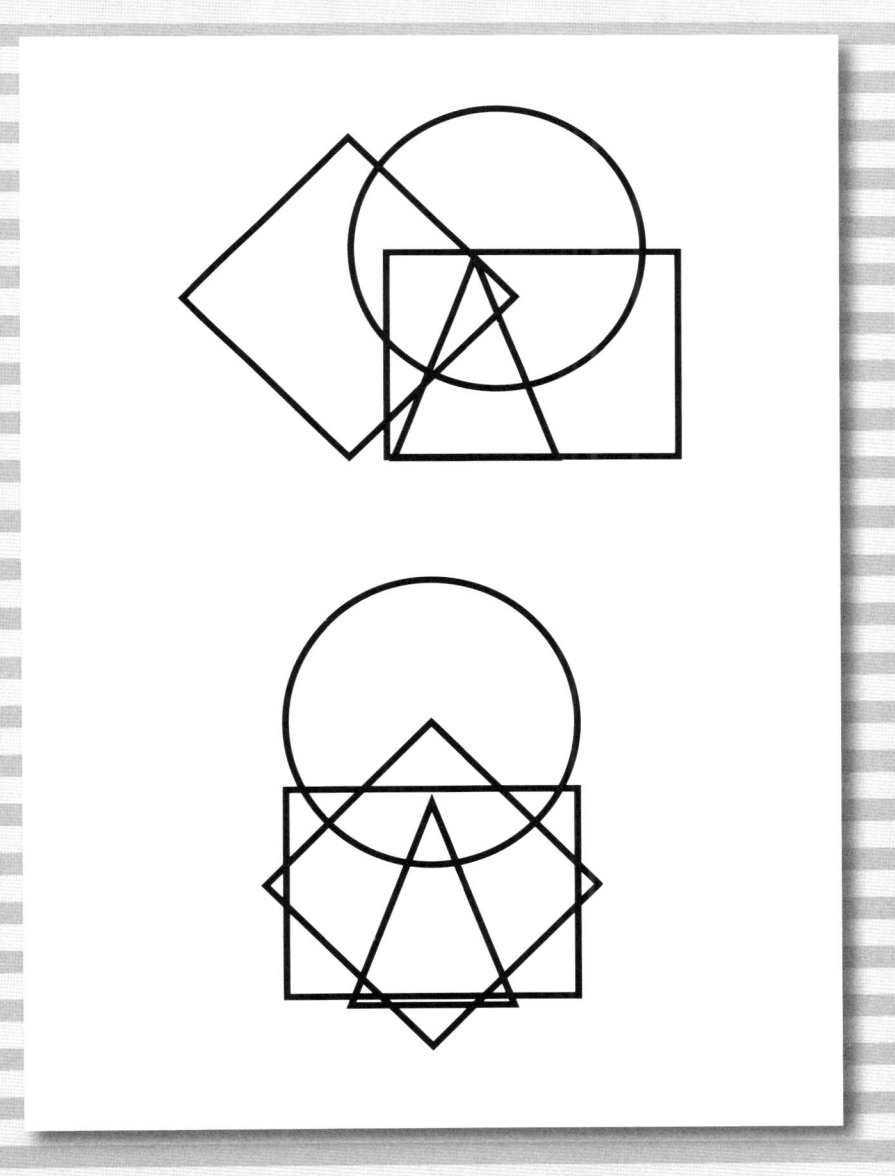

143. Recorte essas figuras ou copie-as em um papel e recorte-as.

144. Você conhece as mandalas? Apresentamos uma para você colorir como quiser. Ela deve ser bem colorida e seguir alguns padrões de repetição. De qualquer forma, seja preciso, atente--se aos detalhes e divirta-se com a atividade.

145. Procure dentro deste desenho uma bota, um tomate e uma folha. Revise os desenhos coloridos. Qual dos três se repete?

146. Aqui temos um desenho incompleto. Você tem quatro opções para completá-lo e apenas uma está correta. Indique qual das opções está certa.

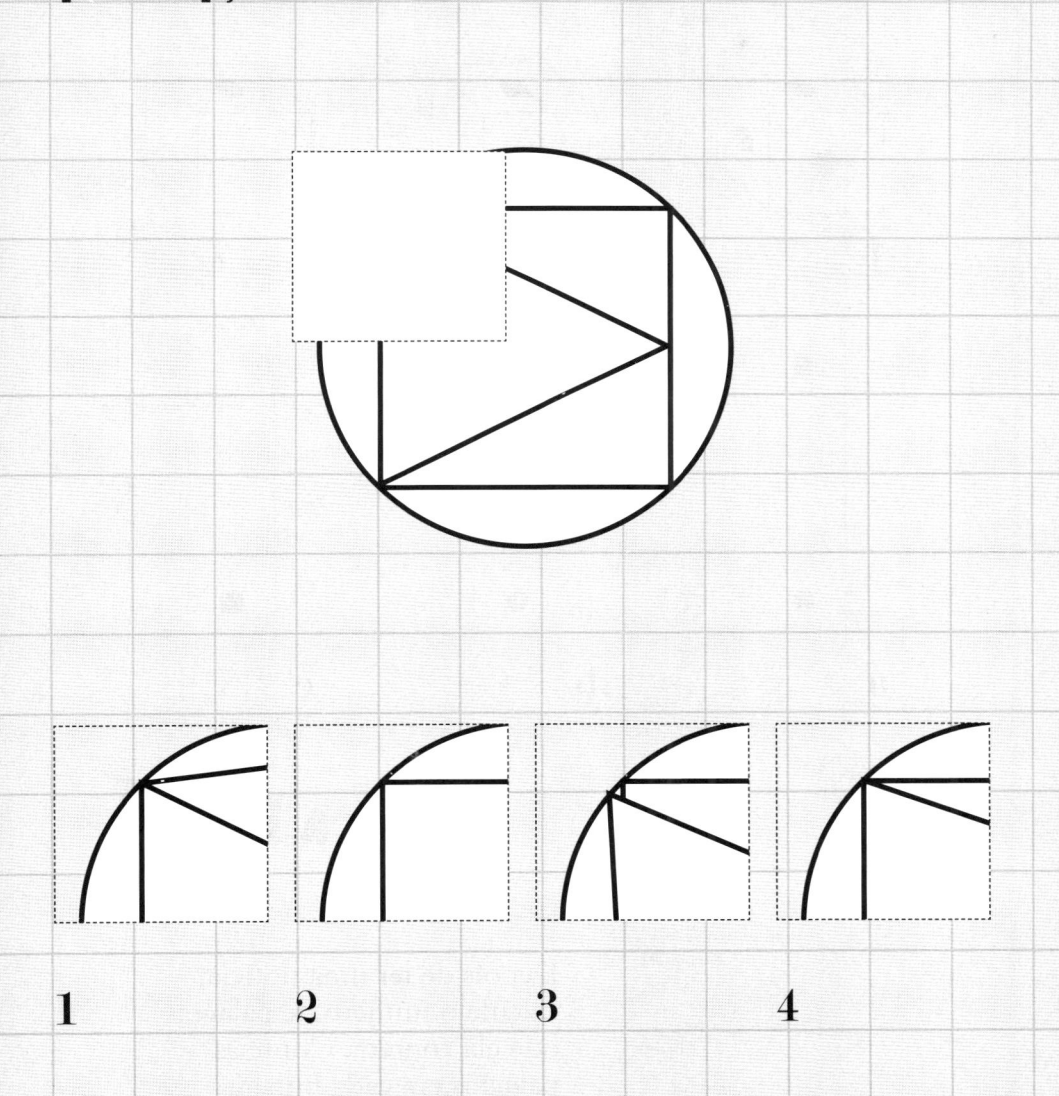

1   2   3   4

147. De um lado, temos três cubos para montar e, de outro, três cubos montados. Combine cada um com seu par.

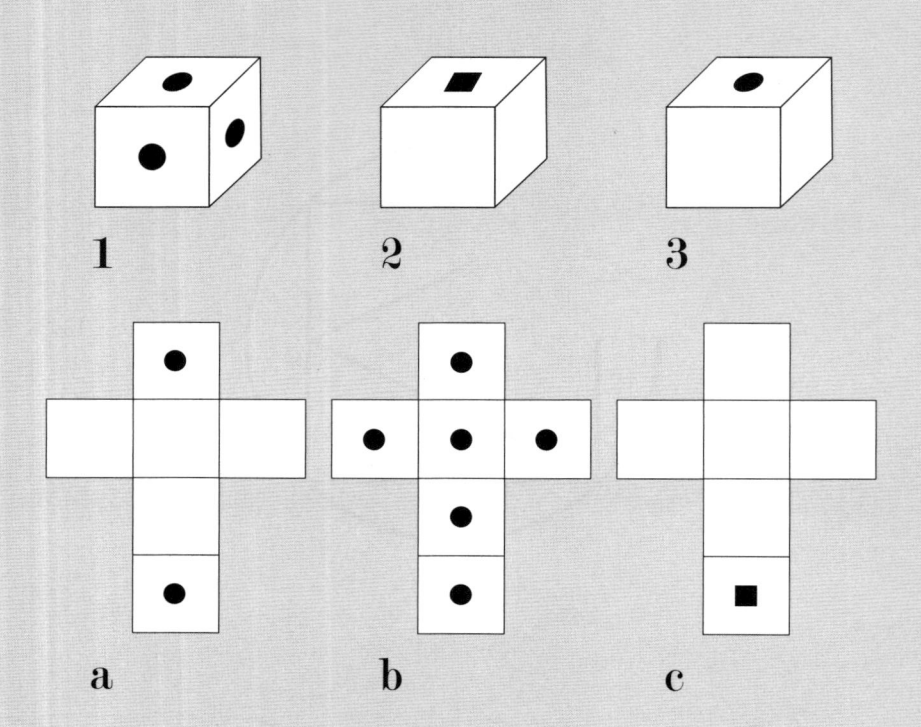

Depois de ler uma notícia, calcule o número de palavras que ela contém. Conte as palavras em cada linha e multiplique-as pelas linhas de cada coluna.

148. Numere os quadrados abaixo. O número 1 é o menor e 15 é o maior.

149. Procure nas sombras os objetos que apresentamos. Faça isso em menos de meio minuto.

150. Ligue com uma seta as atividades mencionadas com o horário mais provável de realizá-las. Tente fazê-lo em menos de um minuto.

8:00

8:30

17:00

20:00

21:00

22:00

23:00

Trocar de roupa

Ir para a escola

Fazer um lanche

Ver um jogo de futebol

Tomar uma bebida com os amigos

Ir para a cama

Jantar

RESPOSTAS

1. Autocorreção.

2. NORDESTE: Fortaleza; Teresina; Recife
   SUL: Florianópolis; Curitiba
   CENTRO-OESTE: Goiânia; Campo Grande; Cuiabá
   NORTE: Palmas; Porto Velho; Belém; Macapá; Manaus

3. **Kit de primeiros socorros:** álcool, água oxigenada, tintura de iodo, curativos, esparadrapo, gaze, analgésico, aspirina, pinça, tesoura...
   Praia: roupa de banho, toalha, chinelos, protetor solar, guarda-sol, chapéu/boné, óculos escuros, livro, água, bolsa para levar tudo.

4. Autocorreção.

5. Para bom **entendedor**, meia palavra **basta**.
   Em boca **fechada** não entra mosquito.
   Quem **tudo quer**, tudo perde.
   Diga-me **com quem andas** e eu te direi quem és.
   Antes **tarde** do que nunca.
   O peixe morre pela **boca**.
   Não há **mal** que sempre dure.
   O que entra por um **ouvido** sai pelo **outro**.
   Quem **cala** consente.
   Falar é fácil, difícil é **fazer**.

6. Todos os objetos do grupo 1 são capazes de emitir algum tipo de ruído ou som.

7. BANCO – ABACATE, LIVRO – CONFERÊNCIA, CACHORRO – DOR, GARRAFA – SAIA.

8. Atletismo, basquete, handebol, ciclismo, equitação, esgrima, futebol, ginástica, levantamento de peso, hóquei, judô, caratê, tênis, tiro com arco, polo aquático.

9. Autocorreção.

10.

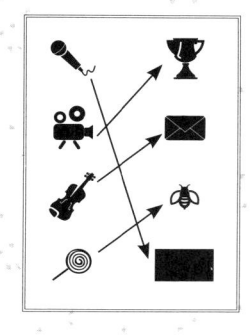

11. Estevão

Reunião com o **advogado**.
Buscar o **terno** na **lavanderia**.
Montar a **estante**.
Ir ao supermercado comprar **frutas**.
Baixar as **fotos** no computador.

Paula

Visitar sua mãe no **hospital**.
Buscar o carro na oficina.
Montar a churrasqueira nova.
Ir à loja de ferragens comprar **parafusos**.
Baixar o novo aplicativo de **inglês** no celular.

12. PEDRA, LETRAS, DIA, REMÉDIO, LÂMPADA, ÓCULOS, SORVETE, ROUPA DE BANHO.

13. CAIXA DE FERRAMENTAS, MARTELO, PREGO.
PROFESSORA, QUADRO, GIZ
CAVALETE, TELA, PINCEL
PIANO, PARTITURA, TECLA
SAPATO, PÉ, CADARÇO

14.

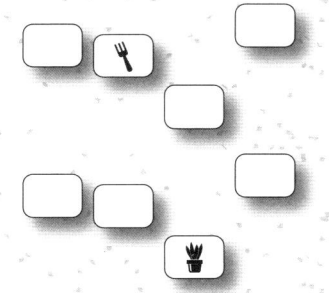

15. Autocorreção.

16. Quinta, quarta, terça, segunda, domingo, sábado, sexta.
Fá, Mi, Ré, Dó, Si, Lá, Sol.
Outono, verão, primavera, inverno.
Abril, março, fevereiro, janeiro, dezembro, novembro, outubro, setembro, agosto, julho, junho, maio.

17. Autocorreção.

18. 1) Colecionar pedras e andar de bicicleta.
2) Maria, a mãe.
3) Não.
4) Albertinho.
5) Ler e ir ao cinema
6) Pescar e cozinhar
7) Dançar e pintar.
8) Sônia.

19. Autocorreção.

20. Autocorreção.

21. GASTA.

22. Autocorreção.

23. Por exemplo: lápis, moldura de janela, porta, cadeira, mesa, armário, cabide, taco de bilhar, estilingue, escrivaninha, gaveta, violino, prendedores de roupa, colher de pau, tábua de cozinha, palitos, fósforos, banco, baú, escada em espiral, cruz, púlpito da igreja.

24. Exemplos de histórias possíveis para encadear as palavras:

Um **caminhão** cheio de **livros** bateu em uma **árvore**.

Ao colocar o pé no **balde**, olhei para o **relógio** e percebi que era hora de olhar no **microscópio**.

Quando eu coloco meus **óculos** e como **queijo**, pareço um **agricultor**.

25.

26. A chave e a xícara trocaram de posição. A bicicleta e o envelope trocaram de posição. O relógio é diferente.

27.

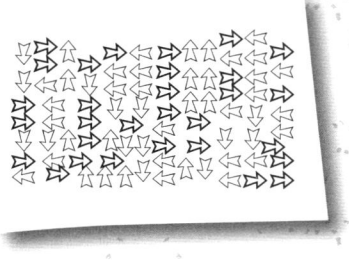

28.

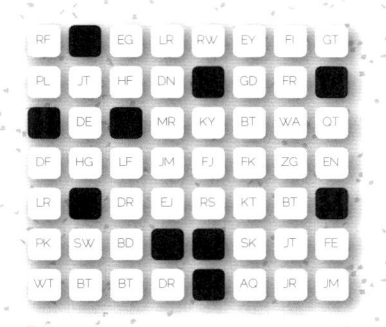

29.

30. Tdga935F3ddh8

Tgg2jgj48fnda

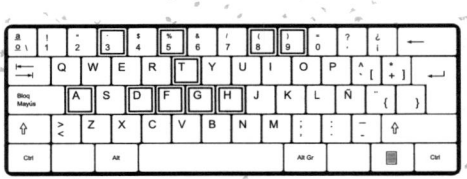

Wgeo3gw942jeh

31. LXXIX, XXXIV, XXIII, XVII, LXXXVII, LXVIII, XLIV, XCV, LIV

32. Praga, Munique, Barcelona, Hamburgo, Budapeste e Viena.

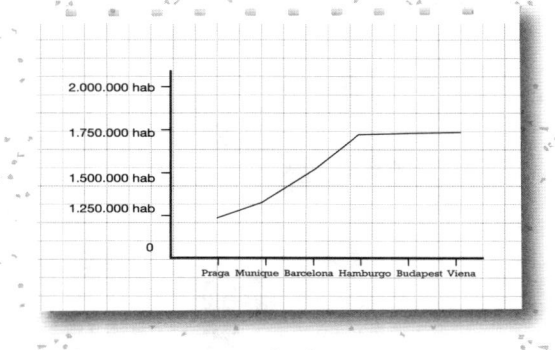

33.

34. Abastado, abrigo, balão, casado, cenoura, estação, fantástico, gato, gesso, império, impulso, índio, jogo, medo, mina, minúsculo, negar, ornamento, pensar, queijo, rato, ratoeira, rir, ter, tensionar, torta, uva, zumbido.

35.

36. Os que não atendem a nenhuma condição são: Luxemburgo, Burundi e Peru.

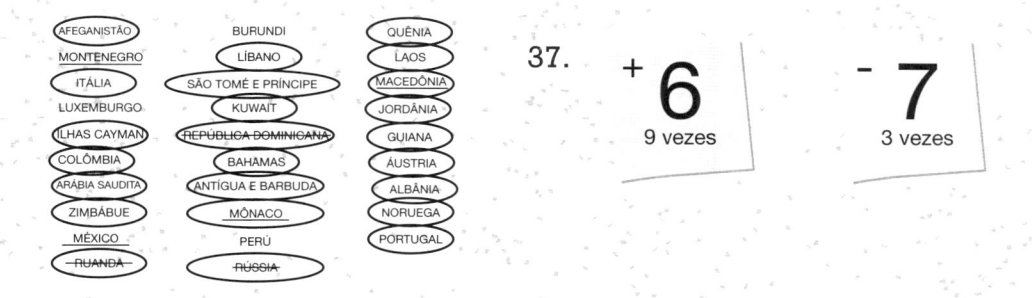

37. $+$ **6** 9 vezes $-$ **7** 3 vezes

38. Telefone, cadeira, escova, sabão, gaveta, sofá.

39. Aparece duas vezes.

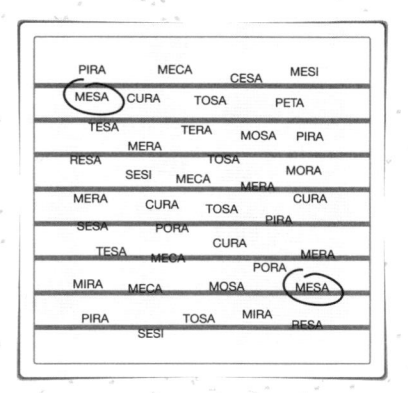

40.

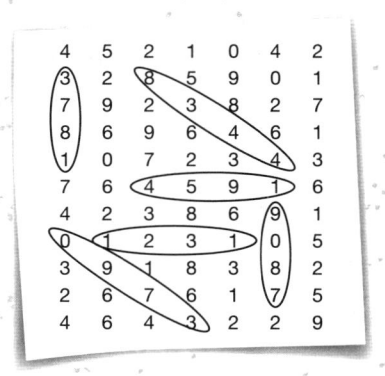

41.

42. Autocorreção.

43.

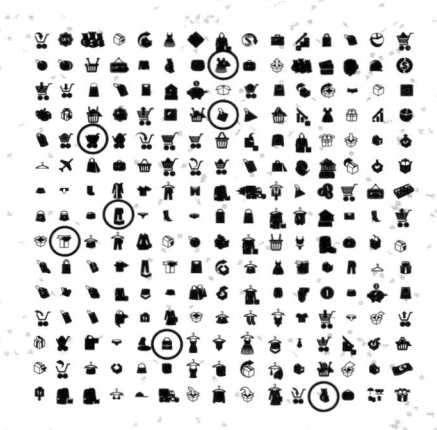

O objeto ausente é:

44.

45. Aparece 10 vezes.

46. Várias possibilidades.

GRUPO 1	GRUPO 2
Miguel Avelar	Cláudia Ávila
Julia Batista	Nicolas Correia
Vitor Garcia	Ana Garcia
Manuel Gonçalves	Júlio Gonçalves
Marcos Martins	Glória Martins
João Carlos Otero	Jorge Navarro
Maria Rodrigues	Francisco Queiroz
Luis Trigg	António Rodrigues
Sara Vicente	Martina Tudela
Pilar Silveira	David Vieira

47.

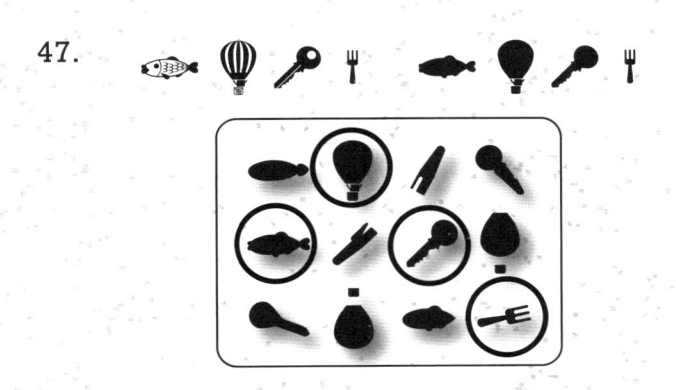

48. 3, 5, 10, 12, 23, 24.

49.

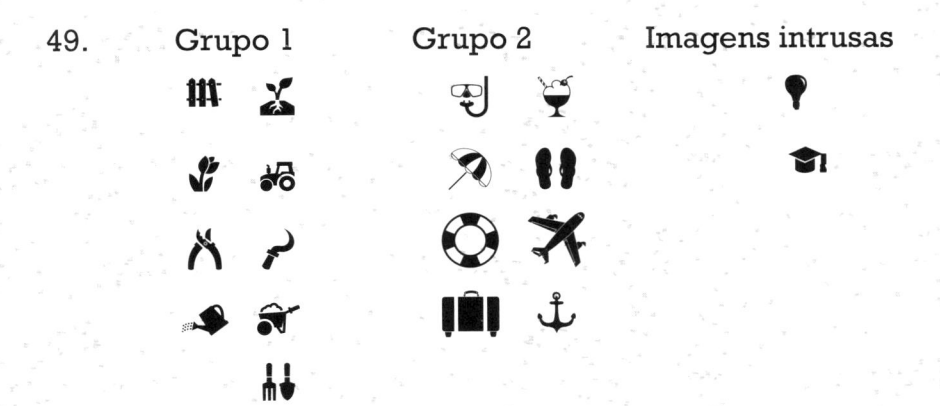

50.

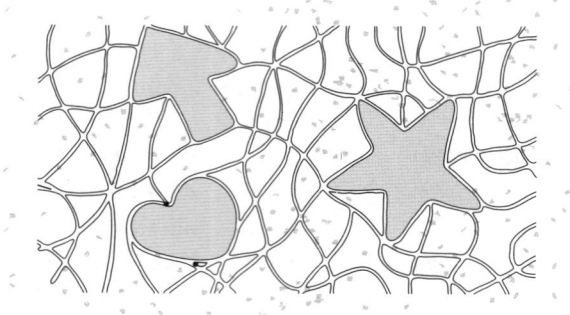

51. 1. **15**; 2. **9**; 3. **14**; 4. **39**; 5. **17**.

52. 8, 9, 6, 7, 15, 12, 14, 16, 3, 13, 15, 19, 4, 11, 27, 21, 18, 11, 6, 16.

53.

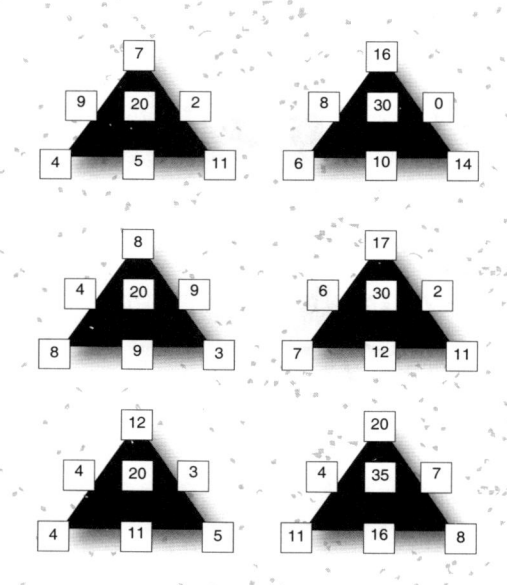

54. 240, 242, 244, 246, 248, 250, 252, 254, 256, 258, 260, 262, 264, 266, 268, 270, 272, 274, 276, 278, 280, 282, 284, 286, 288, 290, 292, 294, 296, 298, 300.

150, 153, 156, 159, 162, 165, 168, 171, 174, 177, 180, 183, 186, 189, 192, 195, 198, 201, 204, 207, 210, 213, 216, 219, 222, 225, 228, 231, 234, 237, 240.

135, 144, 153, 162, 171, 180, 189, 198, 207, 216, 225, 234, 243, 252, 261, 270.

55.

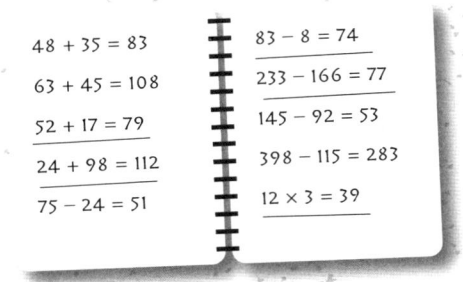

$48 + 35 = 83$	$83 - 8 = 74$
$63 + 45 = 108$	$233 - 166 = 77$
$52 + 17 = 79$	$145 - 92 = 53$
$24 + 98 = 112$	$398 - 115 = 283$
$75 - 24 = 51$	$12 \times 3 = 39$

56.

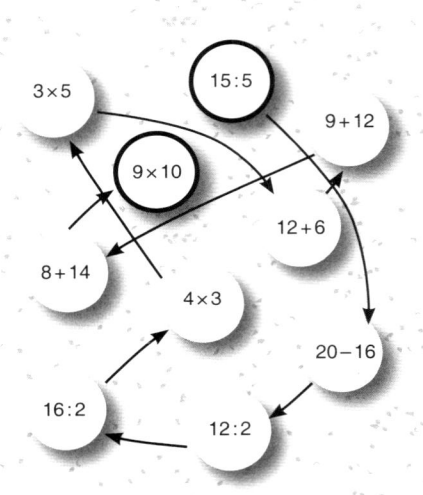

57. $2 \times 0 = 0$, $2 \times 1 = 2$, $2 \times 2 = 4$, $2 \times 3 = 6$, $2 \times 4 = 8$, $2 \times 5 = 10$, $2 \times 6 = 12$, $2 \times 7 = 14$, $2 \times 8 = 16$, $2 \times 9 = 18$, $2 \times 10 = 20$.

$3 \times 0 = 0$, $3 \times 1 = 3$, $3 \times 2 = 6$, $3 \times 3 = 9$, $3 \times 4 = 12$, $3 \times 5 = 15$, $3 \times 6 = 18$, $3 \times 7 = 21$, $3 \times 8 = 24$, $3 \times 9 = 27$, $3 \times 10 = 30$.

$4 \times 0 = 0$, $4 \times 1 = 4$, $4 \times 2 = 8$, $4 \times 3 = 12$, $4 \times 4 = 16$, $4 \times 5 = 20$, $4 \times 6 = 24$, $4 \times 7 = 28$, $4 \times 8 = 32$, $4 \times 9 = 36$, $4 \times 10 = 40$.

$5 \times 0 = 0$, $5 \times 1 = 5$, $5 \times 2 = 10$, $5 \times 3 = 15$, $5 \times 4 = 20$, $5 \times 5 = 25$, $5 \times 6 = 30$, $5 \times 7 = 35$, $5 \times 8 = 40$, $5 \times 9 = 45$, $5 \times 10 = 50$.

$6 \times 0 = 0$, $6 \times 1 = 6$, $6 \times 2 = 12$, $6 \times 3 = 18$, $6 \times 4 = 24$, $6 \times 5 = 30$, $6 \times 6 = 36$, $6 \times 7 = 42$, $6 \times 8 = 48$, $6 \times 9 = 54$, $6 \times 10 = 60$.

$7 \times 0 = 0$, $7 \times 1 = 7$, $7 \times 2 = 14$, $7 \times 3 = 21$, $7 \times 4 = 28$, $7 \times 5 = 35$, $7 \times 6 = 42$, $7 \times 7 = 49$, $7 \times 8 = 56$, $7 \times 9 = 63$, $7 \times 10 = 70$.

$8 \times 0 = 0$, $8 \times 1 = 8$, $8 \times 2 = 16$, $8 \times 3 = 24$, $8 \times 4 = 32$, $8 \times 5 = 40$, $8 \times 6 = 48$, $8 \times 7 = 56$, $8 \times 8 = 64$, $8 \times 9 = 72$, $8 \times 10 = 80$.

$9 \times 0 = 0$, $9 \times 1 = 9$, $9 \times 2 = 18$, $9 \times 3 = 27$, $9 \times 4 = 36$, $9 \times 5 = 45$, $9 \times 6 = 54$, $9 \times 7 = 63$, $9 \times 8 = 72$, $9 \times 9 = 81$, $9 \times 10 = 90$.

58. 12 + 2 = 14 + 4 = 18 + 2 = 20 + 4 = 24 + 2 = 26 + 4 = 30.

14 + 3 = 17 + 3 = 20 + 3 = 23 + 3 = 26 + 3 = 29 + 4 = 33.

20 + 6 = 26 + 6 = 32 + 6 = 38 + 6 = 44+ 6 = 50 + 6 = 56.

40 - 4 = 36 - 4 = 32 - 4 = 28 - 4 = 24 - 4 = 20 - 4 = 16.

59. **3611** 3 + 6 = 9 /9 + 1 + 1= 11 /1+ 1= 2.

5389 5 + 3 = 8 /8 + 8 = 16 /16 + 9 = 25 /2 + 5 = 7.

3769 3 + 7 = 10 /10 + 6 = 16 /1+ 6 = 7 /7 + 9 = 16 /1 + 6 = 7.

5781 5 + 7 = 12 /12 + 8 = 20 /20 + 1 = 21 /2 + 1 = 3.

5951 5 + 9 = 14 /14 + 5 = 19 /19 + 1 = 20 /2 + 0 = 2.

7853 7 + 8 = 15 /15 + 5 = 20 /20 + 3 = 23 /2 + 3 = 5.

60.

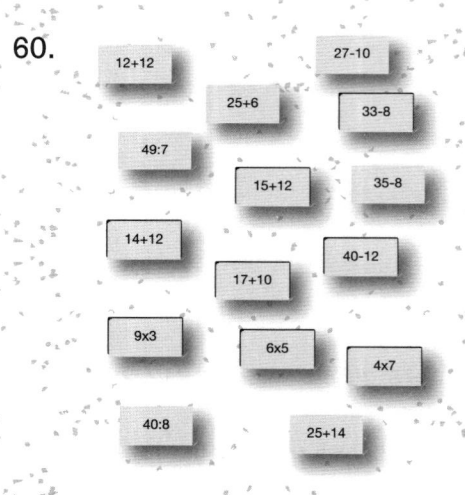

61. Quatro pedaços, 7.800g de palha, 10 bombons, 10h55min.

62.

45 - 10 = 35	40 x 2 = 80
2 x 2 = 4	500 + 20 = 520
20 x 4 = 80	32 + 30 = 62
3 x 2 = 6	75 + 25 = 100
45 + 20 = 65	30 - 29 = 1
80 : 2 = 40	125 + 25 = 150
24 : 2 = 12	10 + 40 = 50
25 + 25 = 50	70 - 30 = 40
75 - 15 = 60	25 + 50 = 75
50 + 100 = 150	80 - 40 = 40

63.

×	1	2	3	4	5
1	1	2	3	4	5
2	2	4	6	8	10
3	3	6	9	12	15
4	4	8	12	16	20
5	5	10	15	20	25
6	6	12	18	24	30
7	7	14	21	28	35
8	8	16	24	32	40
9	9	18	27	36	45
10	10	20	30	40	50

64. 65-35, 80-20, 40-60, 90-10.

68, 33, 30, 7, 45.

77 centavos, 62 centavos, 34 centavos, 61 centavos, 85 centavos.

65. Várias respostas possíveis.

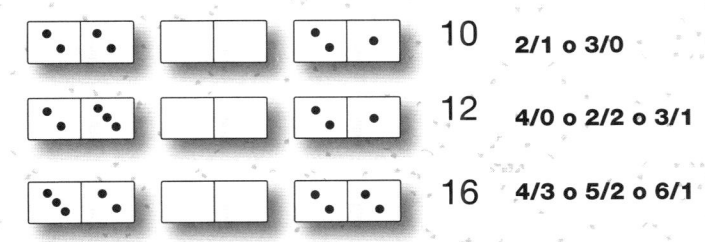

10 **2/1 o 3/0**

12 **4/0 o 2/2 o 3/1**

16 **4/3 o 5/2 o 6/1**

66. Flor = 3 / Sol = 2 / Coração = 8.

67.

68. 20 : 2 = 10, 30 : 3 = 10, 10 : 10 = 1, 10 : 2 = 5, 50 : 2 = 25, 100 : 5 = 20.

69. Três grupos:

Câmera fotográfica + despertador + conjunto de talheres + chave de fenda + caneta = 80 + 10 + 5 + 3 + 2 = 100

Celular + álbum de fotos + guarda-chuva = 50 + 30 + 20 = 100

TV + bolinho = 99 + 1 = 100

70. 10, 7, 11, 2, 12, 5, 6, 8, 8, 6, 4, 14, 7, 11, 15.

71. Quatro pedaços, 16h. R$500, R$98 e sobram R$2.

72.

9347	2388	4457	4619	7823
9 − 7 = 2	8 − 8 = 0	4 : 4 = 1	4 × 1 = 4	8 − 7 = 1
4 − 3 = 1	3 − 2 = 1	7 − 5 = 2	9 − 6 = 3	3 − 2 = 1
2 − 1 = 1	0 + 1 = 1	2 − 1 = 1	4 − 3 = 1	1 × 1 = 1

73. Primeira coluna: 1 + 3 + 7 + 1 + 3 + 7 + 3 + 3 + 7 + 1 + 3 + 3 = 42cm.

Segunda coluna: 3 + 1 + 7 + 3 + 3 + 7 + 1 + 1 + 3 + 7 = 36cm.

Terceira coluna: 3 + 1 + 1 + 3 + 7 + 7 + 3 + 3 + 3 + 1 + 1 = 33cm.

74. 5cm e 1cm = 5cm^2

10cm e 3cm = 30cm^2

6cm e 3cm = 18cm^2

6cm e 2cm = 12cm^2

8cm e 3cm = 24cm^2

2cm e 3cm = 6cm^2

4cm e 2cm= 8cm^2

5cm e 6cm= 30cm^2

75. 5 × 5 = 20 + 5 / 10 + 20 = 15 + 15 / 24 − 12 = 10 + 2 / 30 + 6 = 26 + 10.

76. 1) Ferramentas de carpinteiro: MARTELO, ~~TESOURA~~, SERROTE, PREGO.
2) Adjetivos: CARINHOSO, ~~BONDADE~~, GENTIL, MIMADO. 3) Peças de roupa:
CALÇAS, ~~ÓCULOS~~, CAMISA, GRAVATA. 4) Frutas: PERA, UVA, ~~ERVILHA~~, MAÇÃ. 5)
Substantivos: RELÂMPAGO, ÁRVORE, ~~ELEGANTE~~, CABEÇA. 6) Meios de transporte
público: ÔNIBUS, METRÔ, BONDE, ~~CARRO~~. 7) Sobremesas: PUDIM, ~~OMELETE~~,
BOLO, TORTA. 8) Texturas: ENRRUGADO, MACIO, ~~ILUMINADO~~, ÁSPERO.

77. TUBÉRCULOS = BATATAS, INHAME, BATATA DOCE. **FRUTAS** = CEREJAS,
FIGOS, AMEIXA, AMORAS. **CEREAIS** = ARROZ, TRIGO, CEVADA, CENTEIO.
VERDURAS = ACELGA, ESPINAFRE, ALCACHOFRA, COUVE-FLOR.

78.

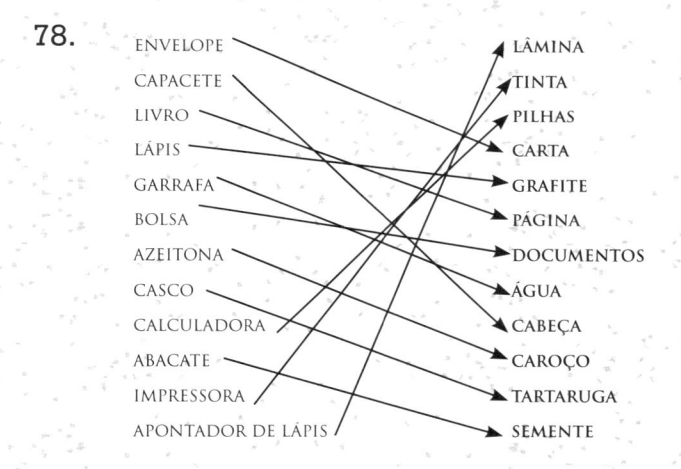

79. GUITARRA, VIOLINO, BANJO, CONTRABAIXO = **INSTRUMENTOS DE CORDA**.
CLARINETE, FLAUTA, OBOÉ, SAXOFONE = **INSTRUMENTOS DE SOPRO**.
TAMBOR, PRATOS, PANDEIRO, PIANO = **INSTRUMENTOS DE PERCUSSÃO**.

80. SEMICOLCHEIA, COLCHEIA, SEMÍNIMA, MÍNIMA, SEMIBREVE.
BEBÊ, CRIANÇA, ADOLESCENTE, JOVEM, ADULTO, AVÔ.
NUNCA, RARAMENTE, ÀS VEZES, COM FREQUÊNCIA, NORMALMENTE,
QUASE SEMPRE, SEMPRE.
CASA, BAIRRO, VILA, CIDADE, ESTADO, REGIÃO, PAÍS.

81. 19, 31, 79, 83, 85, 87, 122, 129, 131, 135, 222, 223

34, 39, 45, 60, 66, 76, 322, 345, 370, 578, 590, 591

677, 679, 751, 780, 859, 931, 987, 1001, 1009, 1050, 1222, 1333

8, 24, 26, 40, 46, 92, 122, 680, 730, 998, 1001, 1004

82. 4, 7, 10, 13… Somar 3.

82, 79, 76, 73… Subtrair 3.

3, 6, 12, 24… Multiplicar por 2.

101, 103, 105, 107… Somar 2.

96, 48, 24, 12… Dividir por 2.

25, 21, 17, 13… Subtrair 4.

6, 13, 20, 27… Somar 7.

83.

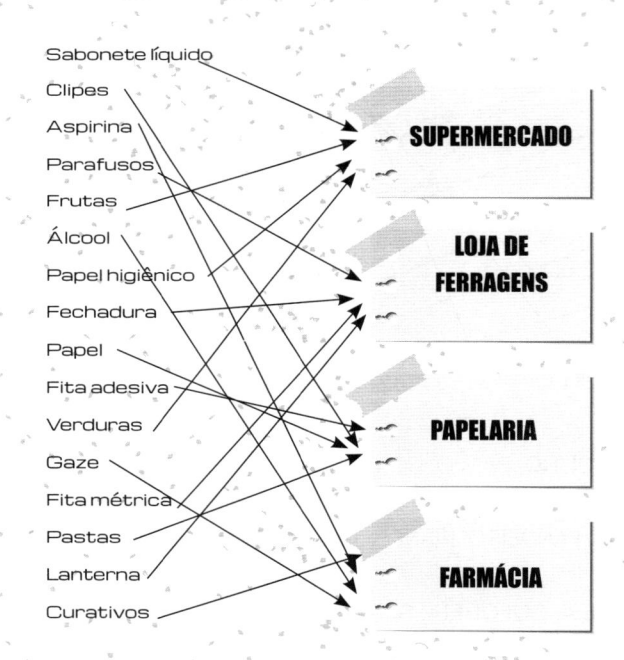

84. Nem todos os quadrados são rajados = V.
Alguns quadrados não são rajados = V.
Nem todas as estrelas são pretas = V.
Todos os círculos são pontilhados = F.
Todos os triângulos são vermelhos = F.
Alguns triângulos são pontilhados = V.
Todos os quadrados são rajados = F.
Nenhum círculo é rajado = V.
Algumas estrelas não são vermelhas = V.
Alguns quadrados não são pretos = V.

85. **PERDER:** peso, chaves, apetite, o rumo.
DAR: gorjeta, os pêsames, trabalho, alta.
JOGAR: bola, loteria, lixo, cartas
LANÇAR: dardos, libro, mão, moda
FAZER: barulho, diferença, comida, hora

86. CASA, RUA, CIDADE, ESTADO, ~~CONTINENTE~~, REGIÃO, PAÍS
LETRA, PALAVRA, FRASE, ~~EPÍLOGO~~, PARÁGRAFO, PÁGINA, CAPÍTULO, LIVRO
CORDA, VIOLINO, VIOLINISTA, ~~TROMPETISTA~~, FAMÍLIA DAS CORDAS, ORQUESTRA
CARBURADOR, MOTOR, ~~OFICINA~~, CAPÔ, CARROCERIA, CARRO, ESTRADA

87. Karina tem mais dinheiro que Manuel.

88. **Opção c**.
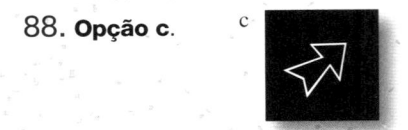

89. **Opção b**.

90. Embora a resposta seja um tanto controversa (vai depender do tipo de trem, carro etc.), uma alternativa bastante razoável, do menos para o mais eficiente em termos energéticos, seria: avião > motocicleta > carro > ônibus > trem > bicicleta. No entanto, o que realmente importa aqui não é tanto a "ordem correta", mas o esforço mental de abstração e raciocínio que o exercício exige.

91. Objetos usados para guardar coisas: CESTA, CAIXA, BAÚ, PORTA-JOIAS, MALA, GAVETA.

92.

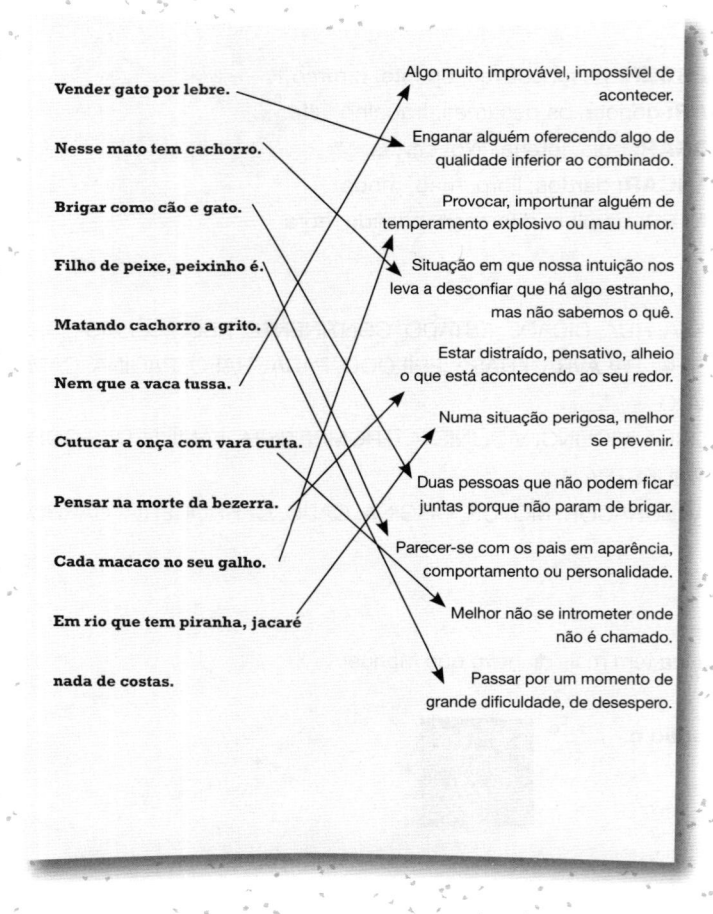

93. Todos os nomes que terminam em vogal são seguidos de  ; os que terminam em consoante são seguidos de

94. O senhor é muito baixinho e só consegue alcançar o botão do 8º andar, por isso ele continua subindo pelas escadas até o 12º andar. Porém, quando chove, ele leva um guarda-chuva e, assim, consegue apertar o botão do 12º andar. Mas para descer, obviamente, ele não tem problema para apertar o botão do térreo.

95. A ordem de chegada é: primeiro Berta, seguida por Carlos, Dario e Antônio.

96.

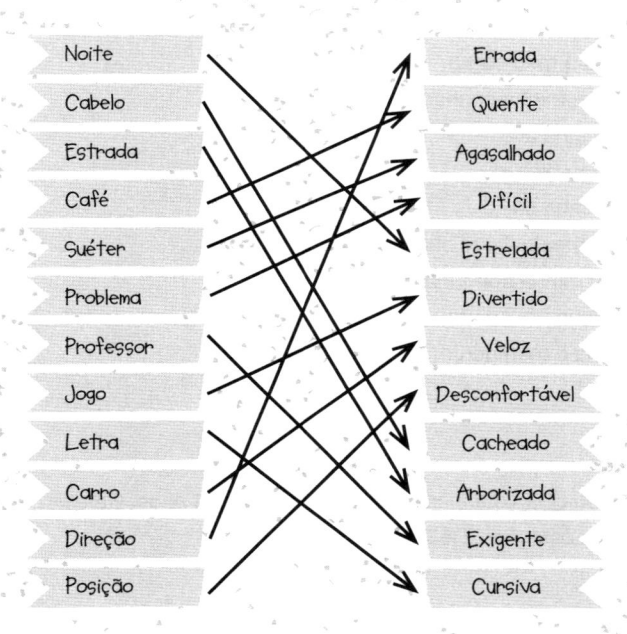

97. Todos os gatos grandes são listrados: V.

Nenhum gato ou cachorro pequeno é listrado: V.

Nem todos os cachorros grandes são vermelhos: V.

Nenhum cachorro grande é preto: F.

Nenhum gato é preto: F.

Alguns gatos e cachorros pequenos são pretos: F.

Nenhum gato e nenhum cachorro pequeno é listrado: V.

Todos os gatos pequenos são pretos ou vermelhos: F.

Algum gato pequeno não é listrado: V.

Alguns cachorros são brancos: F.

98. Todos eles trabalham de botas.

99. Forte como: um touro; um soco no estômago; uma rocha
Rápido como: um foguete; um raio; uma bala
Mais devagar que: uma tartaruga; saci de patinete; corrida de lesma
Mais fácil que: roubar doce de criança; a tabuada de 1; andar para frente

100. O pai da minha esposa é meu sogro.
A irmã do meu marido é minha cunhada.
A mãe do meu pai é minha avó.
O pai do meu avô é meu bisavô.
A irmã do meu pai é minha tia.
A esposa do irmão do meu pai é minha tia-afim.
A filha do meu irmão é minha sobrinha.
O irmão da filha da minha irmã é meu sobrinho.
O marido da minha filha é meu genro.

101. Às 7h30. 4º ano de Medicina Veterinária. Às 9h05. Camilo. 14 anos. Cereais, torradas e café com leite. Três estações. R$8,20. Não.

102. SA: SABER, SACERDOTE, SACRILÉGIO, SAÍDA, SAÚDE, SALADA, SABEDORIA, SACRAMENTO, SALTO, SALIENTE, SALIVA, SATÉLITE, SALSA, SANGUE, SAMBA, SÁDICO, SACUDIR, SABÃO, SABOR, SACOLA.
MA: CAMA, TEMA, ACIMA, TRAMA, AROMA, ALMA, ENIGMA, GOMA, PLUMA, SOMA, FAMA, CLIMA, ALGUMA, GEMA, CALMA, POEMA, FORMA, CINEMA, PIJAMA, VÍTIMA.

103. Amar, beber, comer, dar, estar, falhar, gemer, habitar, incendiar, jogar, lutar, mostrar, nadar, operar, poder, querer, roer, satisfazer, tomar, untar, viver, xingar, zelar.

104.

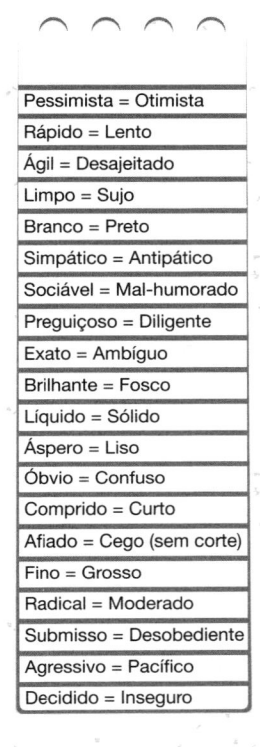

Pessimista = Otimista	
Rápido = Lento	
Ágil = Desajeitado	
Limpo = Sujo	
Branco = Preto	
Simpático = Antipático	
Sociável = Mal-humorado	
Preguiçoso = Diligente	
Exato = Ambíguo	
Brilhante = Fosco	
Líquido = Sólido	
Áspero = Liso	
Óbvio = Confuso	
Comprido = Curto	
Afiado = Cego (sem corte)	
Fino = Grosso	
Radical = Moderado	
Submisso = Desobediente	
Agressivo = Pacífico	
Decidido = Inseguro	

105. Está, principal, chover, comum, observar, direção.

106. PASSADO = DOSSAPA; VELA = LAVE; CASA = SACA; CACHORRO = ROCHORCA; COBERTA = TABERCO; COISA = SACOI; VASO = SOVA; AMOR = MORA; ÚTIL = TILU; MESA = SAME; FOGO = GOFO; MIRA = RAMI; CADEIRA = RADEICA; PERA = RAPE; RATO = TORA; MANDONA = NADOMAN; ALUSÃO = SÃOLUA; ONTEM = TEMON; ROGÉRIO = RIOGÉRO; SOLDADO = DODASOL; MOEDA = DAEMO; CROCODILO = LODICOCRO; JANELA = LANEJA; VELEIRO = ROLEIVE; MASMORRA = RAMORMAS; CARROÇA = ÇAROCAR; BAZUCA = CAZUBA; CAVALO = LOVACA; ESTRADO = DOTRAES; FACHADA = DACHAFA.

107. As flores estavam murchas. O menino comeu todo o chocolate. A mulher puxou uma arma da sua bolsa. O veleiro navegava sob a luz das estrelas. O ladrão levou todo o dinheiro do banco. A música estava muito alta. A roupa estava totalmente molhada. A polícia isolou a cena do crime. Ele escreveu várias cartas para sua namorada. Passou a noite inteira estudando. O ônibus chegou muito atrasado. Eles foram passear no parque.

108. Autocorreção.

109.

110. A acadanta acarraa às 20h00 da ama saxta-faara à naata. A raa astava malhada a, cama da castama àquala hara, havaa am granda angarrafamanta na saada da Barcalana. Aa astava daraganda da valta para casa. Aa havaa tada am dáa tarrával na trabalha. Manha chafa astava ansapartável, nãa saa par qua, mas altamamanta ala andava maata tansa a sampra maata rada camaga. Na rádaa, astava tacanda am blaas. Aa acampanhava a ratma batacanda as dadas na valanta. Assa ma ajadava a passar a tampa. Nãa havaa nada maas ansapartável para mam da qua facar prasa na astrada. As saranas das ambalânçaas sa apraxamavam. Váraas vaataras da palaçaa astavam astaçaanadas na maaa-faa.

111. SÃO FRANCISCO: Os nomes dos filhos de Rita são Francisco, Helena e Marcos. **AMAZONAS:** Embora nascida e criada em uma grande cidade, Valéria ama zonas rurais. **DOCE:** Ela passou o dia respondendo centenas de mensagens dos fãs. **GRANDE:** Na aula de física, o professor ensinou o que é ordem de grandeza. **NEGRO:** Para sinalizar o buraco, há um grande cone grosso e pesado no meio da estrada. **XINGU:** O caxinguelê, espécie nativa do Brasil, é um roedor muito ágil. **DA PRATA:** Ela cuidava com esmero da prataria que herdou da avó. **TIETÊ:** Me vesti e terminei de arrumar o quarto. **PARANÁ:** Osvaldo fez uma declaração de amor para Nair. **TAPAJÓS:** Comporte-se ou eu vou te dar um tapa, Josué!

112. Autocorreção.

113. Autocorreção.

114. SONIA, SOFIA, MAURO, BRUNO, OSCAR, JORGE, DIOGO, LUCIA, LUCAS, PEDRO.

115. Por exemplo: S-P-T-S-P-T-S-P-T-P: Sempre ponho travas se penso tanto sobre pobres trabalhadores precários.

A-B-S-A-B-S-A-B-S: Antes brincava sozinha, agora basta saber amigos brincam sempre.

B-D-C-B-D-C-B-D-C: Busco diariamente controlar bilhões de corpos bonitos de Campinas.

116. CASA = SACA; RATO = ATOR; SOPA = SAPO = APÓS; ESPONJA = JAPONÊS; ZERO = REZO; FAZER = REFAZ; LOUCO = COLOU; CAVA = VACA; BARCA = CABRA; ROSTO = ROTOS; PODER = PEDRO; TOGA = GATO.

117. Vendedora, inglês e alemão.

Representante comercial do laboratório, 60 anos.

Representante comercial do laboratório.

Garçon-*barman*.

Contador.

Barra Funda, Santa Cecília, Consolação e Bom Retiro.

118. REALIZADO: LIDAR, LER, RALI, REAL, ZELO, DOR, DÓLAR, RALO, ODE, LIRA.

SEPARADO: DOSE, ARDE, DORES, ARADO, ADORA, PESA, PESADO, PARES, PRADO, SEDA.

SALAMANDRA: SAL, SALA, MAL, DRAMA, LAMA, SANDRA, ANDA, NADA, MANDA, AMA.

ALEATÓRIO: RIO, ERA, ARO, ORA, LETRA, TELA, ARTE, ATOR, RITO, RALÉ.

119. Autocorreção.

120. Apesar do surgimento de um novo **COMPETIDOR** no mercado, a empresa continuou a crescer em **VENDAS** durante o ano de 2013. Isto se deve, em parte, aos esforços para tentar combater essa **AMEAÇA**, mas também a uma estratégia de crescimento **APOIADA** em diversas medidas-**CHAVE** que foram levadas a **CABO** durante o ano. Uma das mais importantes foi o lançamento do novo **PRODUTO**, "DM-Doce Memória", uma bebida refrescante elaborada com produtos naturais, com baixas **CALORIAS** e com **VITAMINAS** B1 e B12 que estimulam e reforçam a **MEMÓRIA** e as habilidades cognitivas. O lançamento do produto ocorreu nos dias 14 e 15 de maio, com uma ótima recepção e uma repercussão **IMPORTANTE** nos MEIOS de comunicação.

121. Acabo solto => A cabo solto
Dormente => Dor mente
A porcaria => A porca ria
Parábola => Para bola
Atravessa => A travessa
Escapadela => Escapa dela
Um sermão => Um ser mão
A cordialidade => A cordial idade

122. Autocorreção.

123. MET: meta, metal, metano, metrô, metástase, metonímia.

TELE: televisão, teleférico, telefone, telegrama, telescópio, telepatia.

PARA: paraquedas, parasita, parabéns, paralelo, parafina, paradoxo.

ATA: atadura, ataque, atalho, ataúde, atar, atacante.

124. CAMA, SEDE (OU SEDA), VERME, MANDAR, SENTAR, MECHA, LANTERNA, NADAR, ADEREÇAR, METAL.

125. Uma cadeia possível poderia ser...: colheita, tabela, labor, borracha, chave, vereda, dado, dose, semana, nanico, coriza, zagueiro, robalo, loja, janela, lagosta, talo, lobo, bochecha, chamego, gole, letra, trava, vaso, soberba, batuque, quebrada, damasco, cobertor, torrada, dádiva, vapor, porcelana, nabo, bola, lareira, rato, todo, domar, marquise, semente, telhado, dobra, braçada, danoso, sono, nocivo, vocal, caldeira, ramo.

126.

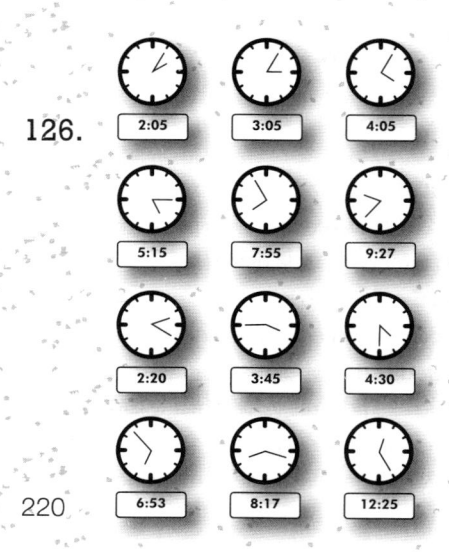

127.

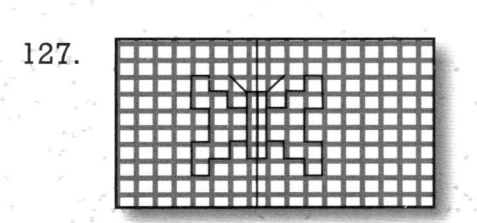 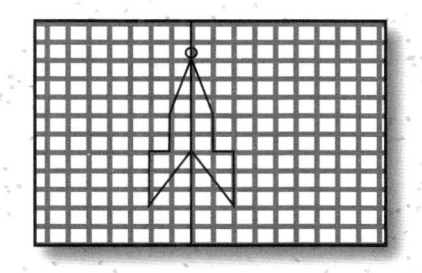

128. Sequência 1: 3, 1, 2. Sequência 2: 2, 3, 1. Sequência 3: 3, 2, 1.

129. Autocorreção.

130. A biblioteca.

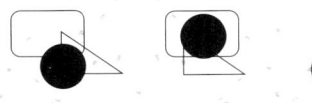

131.

132.   **133.**

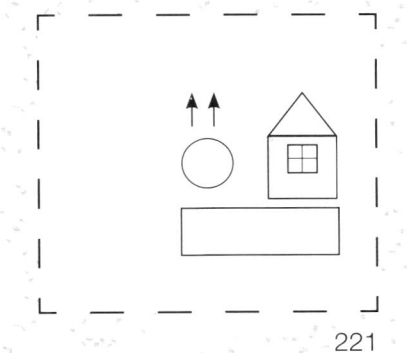

134.

135.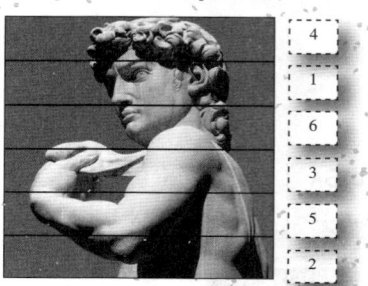

136.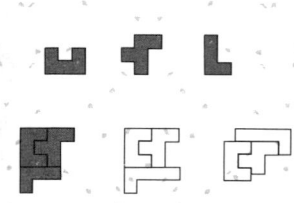

137.

138.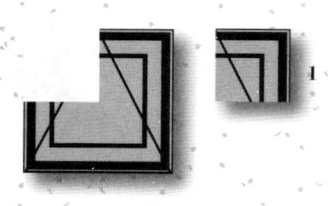

139. Autocorreção.

140. Autocorreção.

141. Autocorreção.

142.

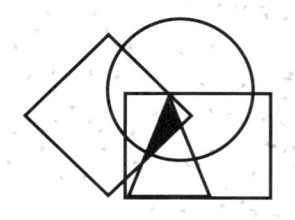 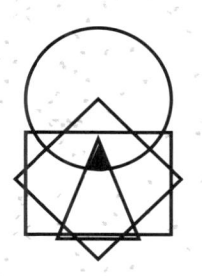

143. Autocorreção.

144. Autocorreção.

145. 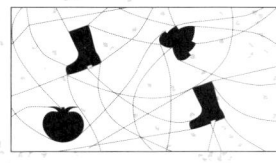 **146.**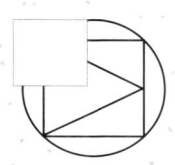

147. 1b, 2c, 3a.

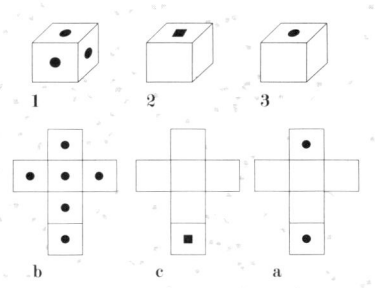

148. 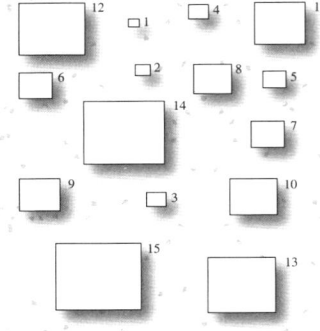 **149.**

150. Trocar de roupa: 8:00h.
Ir para a escola: 8:30h.
Fazer um lanche: 17:00h.
Ver um jogo de futebol: 20:00 ou 21:00h, ambas corretas.
Tomar uma bebida com os amigos: 22:00h.
Ir para a cama: 23:00h.
Jantar: 20:00 ou 21:00h, ambas corretas.

Coleção Exercite a sua mente

- *Treine sua mente – Exercite suas habilidades mentais*
- *Treine sua mente – Exercícios para memória*